Kurt Roeske

—

Kreta

Der Autor Kurt Roeske hat Klassische Philologie in Frankfurt/ Main und Tübingen studiert. Als Schulleiter hat er die Diltheyschule in Wiesbaden, die Deutsche Schule in Athen und das Rabanus-Maurus- Gymnasium in Mainz geleitet. Zahlreiche Publikationen bei K&N, auch Hörbücher.

Kurt Roeske

Kreta

Die Insel der Mythen im Spiegel antiker Zeugnisse

Ein kulturhistorischer Reisebegleiter

Königshausen & Neumann

Umschlagabbildungen:

Oben: Europa, der Stier und Gefährtinnen, Fresko aus Pompeji.
Wikicommons:
https://de.wikipedia.org/wiki/Europa#/media/File:Pompeiii.Europa.iFresco.jpg
https://de.wikipedia.org/wiki/Palmenstrand_von_Preveli#/media/File:Preveli_Strand.jpg (Letzter Zugriff: 26.02.2019)

Unten: Olaf Tausch: Strand von Preveli, Kreta (Griechenland)
Wikicommons:
https://de.wikipedia.org/wiki/Palmenstrand_von_Preveli#/media/File:Preveli_Strand.jpg (Letzter Zugriff: 26.02.2019)

Bibliografische Information der Deutschen Nationalbibliothek

Die Deutsche Nationalbibliothek verzeichnet diese Publikation in der Deutschen Nationalbibliografie; detaillierte bibliografische Daten sind im Internet über http://dnb.d-nb.de abrufbar.

Gedruckt auf säurefreiem, alterungsbeständigem Papier
Umschlag: skh-softics / coverart

Printed in Germany
ISBN 978-3-8260-6776-1
www.koenigshausen-neumann.de
www.libri.de
www.buchhandel.de
www.buchkatalog.de

Kreta ist ein Land inmitten des purpurnen Meere,
schön und fruchtbar und rings vom Meer umflossen. Es leben
dort unzählig viele Menschen, und neunzig Städte
gibt es. Unterschiedliche Sprachen werden gesprochen. ...
Eine große Stadt ist Knossós, in der einst der König
Minos herrschte. Alle neun Jahre durfte er sich mit
Zeus, dem großen Gott, zu vertrauten Gesprächen treffen.

Homer, Odyssee 19, VV. 172–179

Inhaltsverzeichnis

Vorwort

Kreta gilt als die Wiege der europäischen Kultur – sehr zu Recht, wenn man etwas bescheidener von *einer* Wiege statt von *der* Wiege spricht.

Immerhin gilt die Dikti-Höhle in der Lassithi-Hochebene als der Ort, an dem Zeus geboren wurde, *der Vater der Götter und Menschen,* wie Homer (um 700 v.Chr.) ihn nennt. Er hat gemeinsam mit seinen Geschwistern die Herrschaft auf dem Olymp etabliert. Die europäische Architektur, Kunst und Literatur verdanken den olympischen Göttern viel: Großartige Tempel mit ihrem Skulpturenschmuck, Altäre und Statuen sind für sie geschaffen worden, die Tragödien waren Teil einer Kultfeier.

Von der Geburt des Zeus und ihrer Vorgeschichte erzählt der griechische Dichter Hesiod, der im 7. Jahrhundert v.Chr. gelebt hat.

Unter der Platane von Gortyn hat sich Zeus der Europa zu erkennen gegeben, die er zuvor in der Gestalt eines Stiers aus ihrer Heimat entführt hatte. Wenn auch der Name unseres Kontinents erst spät mit dem der phönizischen Prinzessin verschmolzen ist, so wollen wir doch unter der immergrünen Platane verweilen und uns den Mythos des Mädchenraubs vergegenwärtigen, der das Geschehen mit großem psychischen Einfühlungsvermögen eindrucksvoll schildert. Enthält er nicht eine unbestreitbare Wahrheit? Hat nicht Europa vieles aus dem Orient importiert? Mit phönikischen Buchstaben schreiben wir noch heute.

Ein Schatz von Mythen rankt sich um den im 2. Jahrtausend erbauten Palast von Knossós, der in Wirklichkeit kein Palast, sondern ein Verwaltungszentrum war. Sir Arthur Evans hat ihn nicht nur ausgegraben, sondern auch weitgehend rekonstruiert: zum Ärger der Fachleute, zur Freude der Touristen. Der sagenhafte König Minos soll hier residiert haben, unglücklich verheiratet mit Pasiphaë, die sich mit einem Stier eingelassen und den Minotauros geboren hat. Theseus, der Heros aus Athen, hat ihn in dem Labyrinth, das dem Ungeheuer als Gefängnis zugewiesen war, getötet und anschließend die Königstochter Ariadne entführt und treulos auf der Kykladeninsel Naxos sitzen gelassen.

In diesem Labyrinth ist auch Daidalos gefangen gehalten worden. Fliegend hat er sich und seinen Sohn Ikaros befreit. Der Preis seiner kühnen Erfindung der Flügel war der Sturz und Tod des Ikaros. Soll der Mythos die Ambivalenz menschlicher Erfindungen zu Bewusstsein bringen?

Wer minoische Paläste ohne moderne Aufbauten sehen möchte, wird in Malia, Phaistós und Kato Zakros fündig werden und auf seine Kosten kommen.

Woher kennen wir die Mythen von Zeus und Europa, Minos und Pasiphae, Theseus und Ariadne, Daidalos und Ikaros? Griechische und römische Dichter und Schriftsteller haben sie uns überliefert: Homer, Hesiod, Ovid und viele andere. Der Leser lernt die originalen Texte in neuen Übersetzungen kennen, die das originale Versmaß bewahren und auf gutes, verständliches Deutsch Wert legen.

Mythen sind Geschichten, die Überlieferungen bewahren. Sehr häufig berichten sie von Heroen und davon, wie Götter in die Welt hineinwirken. Sie spiegeln existenzielle Erfahrungen wider und laden zu immer neuen Deutungen in Kunst und Literatur ein. An Beispielen wird gezeigt, wie Mythen ihr Potenzial bis in die Gegenwart hinein entfalten.

Latό und Gortyn sind zwei von den Dorern gegründete Städte, die sich in vieler Hinsicht von den minoischen Ansiedlungen unterscheiden. Sie liegen nicht ungeschützt in der Ebene, sondern geschützt auf einer Anhöhe und sind von Mauern umgeben, ihre Gesellschaftsordnung entspricht der patriarchalisch-spartanischen, die Frauen sind aus der bevorzugten Stellung, die die Minoer ihnen eingeräumt hatten, verdrängt worden. Die ältere Zivilisation liegt uns in diesem Falle näher als die jüngere.

In Gortyn beeindruckt den Besucher der älteste Gesetzestext Europas. Er stammt aus dem 5. Jahrhundert v.Chr. Die Steine, in die er eingemeißelt worden ist, sind erhalten, weil die Römer sie in eine Wand des von ihnen errichteten Odeons eingebaut haben.

Und schließlich Eleutherna, eine dorische Stadt wie Latό und Gortyn. Hier haben griechische Archäologen ein Grab entdeckt, das veranschaulicht, was Homer in der Ilias über ein Begräbnis erzählt. Homers Bericht wird in der Entdeckung der Archäologen sichtbar und greifbar.

Das Buch beginnt mit einer ausführlichen Einführung in die Geschichte der Insel Kreta. Diese geht unter anderem der Frage nach, wer Minos war, welche Funktion die Paläste hatten. Sie erzählt vom Apostel Paulus und von Titus, dem Schutzheiligen der Insel.

Natürlich kommt in dem Buch der Kreter Nikos Kazantzakis (1883 – 1957) zu Wort, der durch den Roman „Alexis Sorbas“ und seine Verfilmung auch in Deutschland bekannt geworden ist. Die Minoer haben ihn immer wieder dazu angeregt, sich über Götter und Gott, über Freiheit und Bindung Gedanken zu machen.

Die Vergangenheit ist tot, wenn sie sich nicht mit der Gegenwart verbindet. Den Besuchern, die auf die örtlichen Führer(erinnen) verzichten und allein die Paläste und Orte durchstreifen möchten, bieten die den Kapiteln hinzugefügten Pläne und Wegbeschreibungen eine zuverlässige Orientierung.

Der Schluss ist dem Dank vorbehalten: Zwei klassische Philogen, die Herren Dr. Lutz Lenz und Rolf Walther, haben den Text sorgfältig durchgesehen und mich vor vielen Fehlern bewahrt. Frau Evelyn Hermann-Schreiber hat die Pläne und die Karte gezeichnet. Das Schreibüro von Frau Angelika Arnold in Würzburg hat den Text formatiert und sich vor allem um eine gute Qualität der Bilder bemüht. Ich bedanke mich sehr herzlich bei ihnen.

Dem Verlag Königshausen & Neumann danke ich dafür, dass er dieses Buch in sein Programm aufgenommen hat, der Gerd und Margarethe Krämmer-Stiftung in Mainz für einen Zuschuss zu den Druckkosten.

Kurt Roeske

1. Kapitel

Geographie, Wirtschaft und Geschichte

Inhaltsverzeichnis

1.1 Einladung nach Kreta

Die aus Lesbos stammende griechische lyrische Dichterin Sappho (um 600 v.Chr.) lädt die Göttin der Liebe, Aphrodite, ein, nach Kreta zu kommen. Sie nennt sie Kypris, weil sie auf Zypern (griechisch: *Kypros*) besonders verehrt worden ist.

Komm nach Kreta in den heiligen Tempelbezirk,
wo ein anmutiger Hain von Apfelbäumen
sich erstreckt, in dem Altäre stehen,
auf denen Weihrauch verbrannt wird.

Durch die Apfelbaumzweige
rauscht kühles Wasser,
der Hain wird ganz von Rosen beschattet, Schlaf rinnt
von den zitternden Blättern.
Auf der Wiese, einer Weide für die Pferde,
blühen die Frühlingsblumen,
Aniskraut duftet süß.

Komm, Kypris, bekränze dein Haupt
und kredenze uns huldvoll
in goldenen Schalen Nektar, der
mit Festesfreude vermischt ist. (5/6 Diehl, 2 Lobel-Page).

Der griechische Schriftsteller Nikos Kazantzakis, der von 1883–1956 gelebt hat, kennt beides, die Zartheit und die männliche Strenge der kretischen Landschaft:

Die kretische Landschaft gleicht einer guten Prosa, klar durchdacht, nüchtern, nicht überladen, kräftig und verhalten. Sie drückt das Wesentliche mit einfachen Mitteln aus, sie spielt nicht, sie wendet keine Kunstgriffe an und verzichtet auf jede Art von Rhetorik. Was sie zu sagen hat, das sagt sie mit einer gewissen männlichen Strenge. Aber zwischen den herben Linien dieser kretischen Landschaft entdeckt man eine Empfindsamkeit und Zartheit, die keiner vermuten würde; in den windgeschützten Buchten duften die Zitronen- und Orangenbäume, und in der Ferne ergießt sich aus dem endlosen Meer eine grenzenlose Poesie. (Aus dem Roman *Alexis Sorbas*).

1.2 Geographie und Wirtschaft

Über die Lage und Größe der Insel ...

Kreta ist die viertgrößte Insel im Mittelmeer nach Sizilien, Sardinien und Zypern, und sie ist die größte Insel Griechenlands, zugleich die südlichste Europas.

Sie umfasst 8331 km² und ist 250 km lang. An der schmalsten Stelle misst sie 15, an der breitesten 57 km.

Sie liegt in der Mitte zwischen der Peloponnes, Kleinasien und Afrika. Aristóteles (384–322 v.Chr.) schreibt:

> *Die Insel scheint durch ihre günstige Lage für die Herrschaft über Griechenland von Natur wie geschaffen zu sein. Denn sie beherrscht das ganze Meer, und fast alle Griechen haben sich rings um das Meer angesiedelt. Auf der einen Seite liegt sie nicht weit von der Peloponnes entfernt, auf der anderen Seite nicht weit vom Triopischen Gebiet* (Teil der Halbinsel von Knidos) *und von Rhodos. Deswegen hat Minos die Herrschaft über das Meer erlangt, einen Teil der Inseln unterworfen, einen Teil besiedelt.* (Politik, 1271 b 32–39).

und über ihre Struktur

Sie ist Teil einer Gebirgskette, die sich vom Taygetos-Gebirge in der Peloponnes bis nach Asien erstreckt und Kreta in seiner ganzen Länge von West nach Ost durchzieht, von den Weißen Bergen (2452 m) über das Idagebirge, das auch Psiloritis genannt wird (2490 m), und das Lassithi- oder Dikti-Gebirge (2155 m) bis zum Sitia-Gebirge (1476 m). Im Süden fallen die Berge steil ins Meer ab, im Norden ist ihnen eine Ebene vorgelagert. Dort liegen die meisten Städte und Häfen.

In die Berge sind fruchtbare Schwemmlandebenen eingelagert; die größte und fruchtbarste ist die Messará-Ebene im Süden, die bekannteste das Lassithi-Plateau am Nordhang des Dikti-Gebirges.

In Nord-Süd-Richtung durchfurchen Schluchten die Berge. Eine beliebte Wanderung führt in den Weißen Bergen durch die Samariá-Schlucht zum Libyschen Meer.

Im 4. Jahrhundert n.Chr. hat sich die Insel infolge einer seismischen Katastrophe im Westen um ca. 8 Meter in die Höhe erhoben, während sie sich im Osten gesenkt hat. Im Osten ist der ehemalige Hafen Olous bei Elounda überflutet, die Insel Mochlos abgetrennt worden, im Westen liegen die Hafenanlagen von Falassarna 140 Meter landeinwärts.

Immer wieder haben Erdbeben Kreta im Verlauf seiner Geschichte erschüttert, in der Antike, im Mittelalter (1303) und im 19. und 20. Jahrhundert, zuletzt 2008.

Eine Wanderung auf den Spuren Platons

In der Antike war die Insel bewaldet. Außer Zypressen wuchsen dort Oliven, Eichen, Tannen und Zedern. Platon (427–347 v.Chr.) erzählt in seinem Dialog *Die Gesetze (Nomoi)*, wie ein auf Kreta weilender Athener seinen beiden Freunden den Vorschlag macht, von Knossós zu Grotte und Heiligtum des Zeus zu wandern und unterwegs miteinander darüber zu diskutieren, wodurch sich ein gut organisierter Staat auszeichne.

> *Der Weg ... ist, wie wir hören, lang genug, und es gibt unterwegs sicher Ruheplätze – denn die Hitze ist drückend – und unter den hohen Bäumen Schatten, unter dem sich Leute unseres Alters, wie es sich gehört, immer wieder einmal ausruhen können. So legen wir, indem wir uns im Gespräch gegenseitig ermuntern, den ganzen Weg in aller Ruhe zurück.*

Der Kreter bestätigt die Vermutung:

> *Gewiss, lieber Freund, wir treffen auf unserem Weg in den Wäldern auf Zypressen von außerordentlicher Höhe und Schönheit und auf Wiesen, auf denen wir eine Zeitlang verweilen und uns ausruhen können.* *(625 b/c).*

Wovon man lebte

In den Ebenen und auf den Hochplateaus wurde Getreide angebaut, man stellte Olivenöl und Wein her, beides in hervorragender Qualität. Viehzucht – Rinder, Schweine, Ziegen und hauptsächlich Schafe – hatte eine große Bedeutung. Ein Problem stellte und stellt noch immer der Wassermangel dar.

Das Meer verband damals wie heute Kreta mit Asien, Ägypten, den Ägäischen Inseln und dem griechischen Festland. Der Handel sorgte für den Austausch von Gütern und Errungenschaften der Kultur und Zivilisation. Aber das Meer barg für die Insel auch die Gefahr, Ziel von Aggressionen zu werden. Kreta hat sich in seiner Geschichte deshalb oft auf sich selbst zurückgezogen.

1.3 Eine gefährliche Meeresfahrt

Die Wellen, die grünen, die grauen und blauen
von fern aus der Weite der offenen See
treibt sie heran der König Nordwind,
sie peitschen die Felsen und schlagen den Sand.

(Kostas Karyotakis, 1896–1928,
zitiert in: M. Prinzinger, a.a.O., S. 199)

Wer sich auf dem Meer der Insel nähert, muss, zumal im Sommer, mit unruhiger See rechnen. Der Grund ist der von Norden wehende Boreas, den die Griechen mit einem aus dem Türkischen entlehnten Wort Meltemi nennen. Er hat den Apostel Paulus, der als Gefangener von Caesarea nach Rom gebracht werden sollte, in erhebliche Gefahr gebracht. Die Apostelgeschichte berichtet davon. Ende September 59 n.Chr. ankerte das Schiff in einem Hafen an der Südküste Kretas, Kaloi Limenes (heute Kali Limenes), nahe der Stadt Lasaia (Lasaea, Lassea). Paulus warnte davor, wieder in See zu stechen, aber seine Worte verhallten ungehört. Die Schiffsleute beschlossen, den Hafen Phoinix (Phoenix) anzusteuern, um dann dort zu überwintern. Es dürfte sich um die Phineka-Bucht westlich des Kaps Mouros gehandelt haben.

Als aber ein Südwind wehte, meinten sie, ihr Vorhaben wäre schon gelungen. Sie lichteten den Anker und fuhren nahe an Kreta entlang. Nicht lange danach aber brach von der Insel her ein Sturmwind los, den man Nordost nennt. Und da das Schiff ergriffen wurde und nicht mehr gegen den Wind gerichtet werden konnte, gaben wir auf und ließen uns treiben.

Wir kamen aber an einer Insel vorbei, die Kauda heißt, da konnten wir mit Mühe das Beiboot in unsere Gewalt bekommen. Sie zogen es herauf und umspannten zum Schutz das Schiff mit Seilen. Da sie aber fürchteten, in die Syrte (an der nordafrikanischen Küste) *zu geraten, ließen sie den Treibanker hinunter und trieben so dahin. Da wir großes Ungewitter erlitten, warfen sie am nächsten Tag Ladung ins Meer. Und am dritten Tag warfen sie mit eigenen Händen das Schiffsgerät hinaus. Da aber viele Tage weder Sonne noch Sterne schienen und ein gewaltiges Unwetter uns bedrängte, war all unsre Hoffnung auf Rettung dahin. ...*

Als aber die vierzehnte Nacht kam, seit wir in der Adria trieben, wähnten die Schiffsleute um Mitternacht, dass sich ihnen Land näherte.

(27, VV. 13–20, 27, Übersetzung: M. Luther, 2017).

Sie hatten Recht, es war die Insel Malta.

1.4 Die Minoer (3. Jahrtausend – ca. 1450 v.Chr.)

1.4.1 Vorbemerkung: Viele Rätsel sind noch ungelöst.

Wer sich mit den Minoern befasst, sieht sich mit zahlreichen Fragen konfrontiert, die noch immer der endgültigen Beantwortung harren. Es gibt keine schriftlichen Zeugnisse, die Auskunft geben könnten.

Datierung:	Wie verhält sich die relative Chronologie, die sich aus der Entwicklung der Kunst – der Keramik und der Malerei – ergibt, zur absoluten Chronologie?
Entwicklung:	Hat sich die minoische Kultur der Bronzezeit aus der neolithischen Kultur entwickelt oder ist sie unabhängig von ihr entstanden?
Namen:	Stammen die vorgriechischen Ortsnamen aus dem Neolithikum oder aus der Bronzezeit?
Sprache:	Welche Sprache haben die Minoer gesprochen?
Architektur:	Gab es Vorbilder für die Architektur der sog. Paläste? Vielleicht im Orient?
Zerstörungen:	Gab es außer Erdbeben noch andere Ursachen dafür, dass die Gebäude immer wieder zerstört worden sind?
Herrschaftsverhältnisse:	Beherrschten die Minoer das Meer? In welcher Beziehung standen die sog. Paläste untereinander? Waren sie Verwaltungszentren voneinander unabhängiger Gebiete oder hatte der Herr von Knossós eine dominierende Stellung?
Sozialstruktur:	Welche Stellung hatten die Frauen? Gab es Sklaven?
Religion:	Welche religiösen Vorstellungen hatten die Minoer?

Im Bewusstsein dieser vielfältigen Probleme versuchen wir, die Zeit der Minoer zu rekonstruieren.

Unserer Darstellung liegt folgende Epocheneinteilung zugrunde:

Steinzeit	
Neolithikum	7000–3200 v.Chr.
Frühminoisch	2700–2100 v.Chr., Vorpalastzeit
Bronzezeit	
Mittelminoisch	2100–1700 v.Chr., Ältere Palastzeit
Spätminoisch	1700–1450 v.Chr., Jüngere Palastzeit
Mykenische Eroberung	1450 v.Chr.

1.4.2 Der Historiker Thukydides über Minos

Thukydides ist nach Herodot (ca. 485 bis ca. 425 v.Chr.) der zweite bedeutende griechische Historiker. Er war Athener und lebte von ca. 455 bis ca. 400 v.Chr. Bevor er auf sein Thema, den Peloponnesischen Krieg (431–404 v.Chr.) kommt, geht er auf die Früh- und Vorgeschichte ein:

> *Minos ist der Erste, von dem wir durch mündliche Überlieferung Kunde haben. Er baute eine Flotte und gewann die Macht über den größten Teil des Meeres, das jetzt das „hellenische" heißt, und über die Kykladischen Inseln. Auf den meisten von ihnen gründete er als Erster Siedlungen, nachdem er die Karer vertrieben und seine Söhne als Herrscher eingesetzt hatte. Es ist anzunehmen, dass er auch das Meer, so sehr er es vermochte, von Seeräubern reinigte, damit die Einkünfte eher ihm als den Seeräubern zugute kämen. Denn sobald in der damaligen alten Zeit die Hellenen und die Barbaren, die an den Küsten und auf den Inseln wohnten, begonnen hatten, häufiger zu Schiff miteinander zu verkehren, hatten sie sich auf den Seeraub verlegt. ... Als Minos seine Seeherrschaft begründete, nahm der Seeverkehr unter den Menschen zu, denn die Seeräuber wurden von ihm von den Inseln vertrieben, als er die meisten von ihnen selbst besiedelte, und die Küstenbewohner konnten sich, indem sie ihrem Erwerb nachgingen, in ihren Siedlungen sicherer fühlen. Einige Siedlungen umgaben die Bewohner, als sie immer reicher wurden, mit Mauern. Die Schwachen fanden sich um ihres eigenen Vorteils willen damit ab, von den Starken unterjocht zu werden, und da die Mächtigen über die entsprechenden Mittel verfügten, konnten sie die Städte der Schwachen unterwerfen.* (1, 4+8).

Inzwischen hat die Wissenschaft unsere Kenntnisse über Minos und seine Zeit erweitert und vertieft. Wir wenden uns ihren Ergebnissen zu, die freilich auch nur vorläufig sind. Neue Grabungen könnten zu neuen Bewertungen führen.

1.4.3 Vom Neolithikum (ca. 7000 bis ca. 2700 v.Chr.) und der Vorpalastzeit (ca. 2700 bis ca. 2100 v.Chr.) zur Älteren Palastzeit (ca. 2100 bis ca. 1700 v.Chr.)

Mit dem Namen Minos verbindet man die Bronzezeit, die auf Kreta im 3. Jahrtausend v.Chr. beginnt. Der Begriff *Minoische Kultur* geht auf den

Engländer Arthur Evans zurück, der 1894 nach Kreta kam und den Gebäudekomplex in Knossós freigelegt hat, den er als Palast identifiziert hat.

Funde in Grotten und unter dem sog. Palast weisen darauf hin, dass die Insel auch schon in der Steinzeit bewohnt war, wohl seit dem 7. Jahrtausend v.Chr., vielleicht auch schon früher. Die Siedler kamen aus dem Osten, aus Asien. Genauere Angaben über ihre Herkunft lassen sich nicht machen. Sie verehrten eine Natur- und Muttergottheit.

Um 2700 v.Chr. begann die Bronzezeit.

Ob der Beginn damit zusammenhängt, dass eine neue mediterrane Bevölkerung eingewandert ist oder ob sich die neue Zivilisation aus der neolithischen entwickelt hat, weiß man nicht, ebenso wenig, ob die Ortsbezeichnungen auf -ssos (Knossós, Amnissós, Týlissos) alt sind oder im Zusammenhang mit Gründungen der Einwanderer stehen. Die Namen stammen jedenfalls aus einer nicht-griechischen ägäischen Sprache, aus der das Griechische viele Bezeichnungen übernommen hat, insbesondere für Pflanzen: kyparíssos, narkíssos, hyákinthos. Der Name Knossós erscheint auf einem Linear B-Täfelchen aus dem 14. Jahrhundert v.Chr.

Jetzt entwickelten sich lebhafte Handelsbeziehungen mit Anatolien, Ägypten, den ägäischen Inseln. Die Künstler ahmten die Idole der überlegenen Kykladenkultur nach, kleine Figuren nackter Frauen, die ihre Arme über der Brust kreuzen. Kleine Tonstatuetten stellen Adorantinnen und Adoranten dar.

Die Toten wurden mit ihrem Besitz und mit Nahrungsmitteln in Vorratsgefäßen oder Sarkophagen aus Ton in Grabbauten beigesetzt, rechteckigen Häusern oder Kuppelbauten, Vorläufern der mykenischen Gräber. Man glaubte an ein Weiterleben nach dem Tod. Die Feuerbestattung war unbekannt.

Um 2100 v.Chr. wurden die ersten sog. Paläste in Knossós, Phaistós und Mália errichtet.

Es begann eine Zeit hoher Kunstfertigkeit. Von besonderer Schönheit sind polychrome Keramikgefäße, deren Dekor man nach dem Fundort, einer Höhle am Südhang des Idagebirges *Kamares-Stil* nennt. Charakteristisch ist die Vielzahl der Gefäßformen. Man arbeitete mit der Töpferscheibe. Aus dieser Zeit stammt auch ein goldener Anhänger mit der Darstellung von zwei Bienen, die Honig in eine Wabe füllen. Er wurde in Chrysolákkos bei Malia gefunden. Er ist ein hervorragendes Beispiel für den hohen Standard der Goldschmiedekunst und der Granulationstechnik. Im Museum von Iraklion kann man ihn bewundern.

Der winzig kleine Gestaltungsraum, den die Siegel bieten, ist mit Bildern geschmückt worden.

Kykladische Figur

Kamaresgefäß

Anhänger mit Bienen, die Honig in eine Wabe füllen

Der Bau der sog. Paläste weist darauf hin, dass sich offensichtlich allmählich eine Elite herausgebildet hatte, die ihre Stellung in repräsentativen Bauten zum Ausdruck bringen wollte. Die Bauten wurden nach einem einheitlichen Schema errichtet: Sie hatten eine Nord- Süd-Ausrichtung, einen zentralen Hof und waren mehrstöckig. Im Westen befanden sich die Kult- und Vorratsräume, Religion und Wirtschaft gehörten zusammen. Der Ausgräber, Arthur Evans, hat von Palästen gesprochen, tatsächlich handelte es sich um multifunktionale Zentren der Verwaltung. Außer den drei genannten kennt man noch eine Reihe weiterer kleinerer Anlagen. In welcher Beziehung sie zueinander standen, weiß man nicht. Vermutlich war die Insel in Gebiete eingeteilt, die jeweils über ein Verwaltungszentrum verfügten. Es ist möglich, dass Knossós eine dominante Stellung innehatte. Es weist jedenfalls den größten Gebäudekomplex auf.

Über das Herrschaftssystem ist nichts bekannt. Nichts lässt auf einen König oder eine Königin schließen. Die Herren, die ein durchaus höfisches Leben führten, organisierten die Wirtschaft im Umland ihrer Wohnsitze. Sie hatten auch religiöse Funktionen. Zur Dokumentation der Abläufe diente eine Schrift. Zunächst waren es Hieroglyphen, dann wurden Schriftzeichen aus ihnen entwickelt, die sog. Linear A. Es gab 80 Zeichen: Ideogramme, Silben, Zahlen. Diese Schrift ist noch nicht entziffert.

Um ein eigenes, ebenfalls nicht entziffertes Schriftsystem handelt es sich bei den Zeichen, die in den sog. Diskos von Phaistós mit Stempeln eingedrückt worden sind: der erste gedruckte Text in Europa. Im Museum von Iraklion kann man ihn betrachten.

Die Menschen siedelten im Umkreis der Paläste, wohnten aber auch in kleinen Dörfern und Städten wie Malia und Gourniá.

Schnittervase von Agia Triada

1.4.4 Die jüngere Palastzeit (ca. 1700 bis ca. 1450)

Um 1700 v.Chr. ereignete sich eine Katastrophe. Die Paläste wurden zerstört, aber schnell wieder aufgebaut, schöner und größer. Die Wände wurden mit farbigen Fresken, Darstellungen religiöser Riten, bemalt. Im Osten entstand mit Kato Zakros ein neues Verwaltungszentrum. Die Anlagen waren ebenso wie die älteren Paläste unbefestigt. Brauchte man sich vor Angriffen von außen nicht zu fürchten? Bot die Flotte Schutz? Aber die Wandfresken zeigen nur Abbildungen von Handelsschiffen, es gibt keine einzige Darstellung eines Kriegsschiffes.

Arthur Evans hat in Analogie zur *Pax Augusta* (Ovid) den Begriff der *Pax Minoica* geprägt. Vielleicht haben die Kreter aber auch nur nach innen das Bild einer friedlichen Harmonie vermitteln wollen, während sie nach außen durchaus kriegerisch aufgetreten sind.

Auf den ägäischen Inseln wurden Stützpunkte oder Kolonien gegründet. Die 1967 auf Santorin entdeckte Siedlung Akrotiri stand in enger Beziehung zu Kreta.

Die Kleinplastiken aus Ton, Stein, Metall, Elfenbein und Fayence zeugen von einer großen künstlerischen Fähigkeit, mit verschiedenen Materialien umzugehen. Gefäße waren mit Szenen aus dem Kult oder dem Sport geschmückt, manche von ihnen nahmen die Formen von Tieren an. Berühmt ist die sog. Schnittervase aus Agía Triáda mit der Darstellung eines Festzuges. Auch sie befindet sich im Museum von Iraklion. Eine große Blüte erlebte die Siegelglyptik. Basalt, Alabaster, Obsidian, Porphyr, Bergkristall, Bronze und Silber wurden verarbeitet. Goldschmiede stellten bewundernswerte Schmuckstücke her.

Die Verwaltung war zentralistisch und bürokratisch organisiert, der Lebensstandard war hoch. Man baute Getreide an und betrieb Viehzucht, wichtige Erzeugnisse waren Öl, Wein und Obst.

Es war die Blütezeit Kretas. In ihr verortet man den thukydideischen Minos, wobei Minos kein Eigenname ist, sondern ein Herrschertitel wie Pharao. Es ist durchaus möglich, dass sich der Titel aus einem Eigennamen entwickelt hat, wie es mit *Caesar* geschehen ist. Der Genealogie Homers zufolge war Minos allerdings gar kein Spross der minoischen Bevölkerung, sondern ein mykenischer Grieche, will man nicht annehmen, dass es sich um einen anderen, jüngeren Minos handelt. Das Wort ist aber sicher nicht griechisch.

Vieles spricht dafür, dass der Herrscher von Knossós, Minos, eine exponierte Stellung innehatte. Es heißt von ihm, dass er unter dem besonderen Schutz seines Vaters Zeus stand, mit dem er sich in regelmäßigen Abständen beraten durfte. (Homer, Odyssee, 19. V. 179).

Dass Kreta, wie Thukydides schreibt, eine das Meer beherrschende Macht (*Thalassokratie*) war, ist unwahrscheinlich. Vermutlich gab es noch nicht einmal eine zentrale Regierung. Dass Kreta aufgrund der weit gestreuten Handelsbeziehungen und der Gründung von Niederlassungen eine dominante Rolle in der Ägäis gespielt hat, wird man annehmen dürfen. Thukydides überträgt die Verhältnisse des 5. Jahrhunderts, die Dominanz Athens im Attisch-Delischen Seebund, auf Kreta und die Frühzeit.

Der Mythos von den je sieben Mädchen und Jungen, die die Athener zur Zeit des mythischen König Aigeus alle fünf Jahre nach Kreta haben schicken müssen, stellt eine Beziehung zwischen Athen und Kreta her. Man hat aus ihm schließen wollen, dass Athen Kreta tributpflichtig war. Tatsächlich dürfte er erst im 5. Jahrhundert v.Chr. in Athen entstanden sein, als es von Interesse gewesen sein könnte, die eigene Macht gegenüber einer Hegemonie Kretas im Mythos zu dokumentieren. Der Mythos berichtet von einer Buße, die den Athenern auferlegt worden war, weil sie Andrógeos, den Sohn des Minos, getötet hatten.

> *Man berichtet, ... es sei einst üblich gewesen, dass die Stadt Kekrópia (Athen) ausgewählte junge Männer und die Zierde der jungen Mädchen dem Minotauros vorwirft, damit er sie frisst. Da wollte Theseus, als der Stadt das Übel drohend bevorstand, selbst sich opfern für das geliebte Athen, statt dass Kekrópia solche Todgeweihten ohne Hoffnung auf ein Grab nach Kreta entsende. So kam er mit schnellen Schiffen, von sanften Winden vorwärtsgetrieben, nach Kreta zu dem Palast des hochgemuten Minos, einem prächtigen Bauwerk.*
>
> (Catull, 84–54 v.Chr., c. 64, VV. 76–85).

Er tötete den Minotauros und befreite Athen von der Tributpflicht.

Wir werden auf den Mythos von Theseus zurückkommen. Ist doch der Palast von Knossós ein Schauplatz zahlreicher Mythen, die sich um Minos, seine Frau Pasiphaë, um seine Tochter Ariadne und Theseus, den Minotauros und den Architekten und Künstler Daidalos und seinen Sohn Ikaros ranken.

Über die Gesellschaftsstruktur der minoischen Zeit lässt sich nur spekulieren. Auf eine hierarchische Gliederung lassen die Gräber und Grabbeigaben schließen. Es muss viele Berufsgruppen gegeben haben, vielleicht auch Sklaven. Frauen hatten – mindestens im Kult – eine hohe Stellung. Von einem Matriarchat in dem Sinn, dass Frauen über die Männer herrschten, kann jedoch nach dem derzeitigen Stand der Forschung keine Rede sein.

Die mythische Überlieferung, dass Minos gemeinsam mit seinem Bruder Rhadamanthys als Totenrichter fungierte, lässt darauf schließen, dass es ein gut funktionierendes Rechtssystem gegeben hat. Als ein dritter Totenrichter wurde später der Zeussohn Aiakos hinzugefügt.

In Homers Odyssee berichtet Odysseus davon, wie er die Seelen der Toten beschworen und einen Blick in die Unterwelt geworfen hat:

> *Da erblickte ich Minos, den strahlenden Sohn des Zeus, er*
> *hielt in der Hand ein goldenes Szepter, er saß und sprach den*
> *Toten Recht. Die saßen und standen rings um den Herrscher,*
> *fragten nach seinem Rechtsspruch im weit geöffneten Hades.*
> (11, VV. 568–571).

Platon (427–347 v.Chr.) hat in seinem Dialog *Gorgias* eine mythische Unterweltszene gestaltet, in der Rhadamanthys und Aiakos die Seelen der Menschen richten und Minos mit dem goldenen Szepter, dem Zeichen seiner Würde, die Aufsicht führt. (524 dff.).

Religion – Zeus stirbt und wird wieder geboren.

Auf die religiösen Vorstellungen kann man nur aus der Architektur und aus den Bildern schließen, die die Wände der Paläste, die Sarkophage, Gefäße und Siegel schmückten. Bei der Darstellung einer weiblichen Gottheit könnte es sich um eine Vegetationsgöttin handeln, die als Herrin der Menschen, Tiere und Pflanzen, aller Ereignisse auf dem Land und auf dem Meer verehrt wurde. Auf einem Linear B-Täfelchen wird sie *potnia – Herrin* genannt. Eine Erscheinungsform war die Schlange, deren Häutung die Erneuerung der Natur symbolisierte. Man nimmt an, dass sie die höchste Stellung innehatte. Namen wie Britomartis und Diktynna (*die zum Diktigebirge gehört*) weisen darauf hin, dass es eine Mehrzahl von Göttinnen gab. Vielleicht war Rhea, die Mutter des Zeus, ebenfalls ursprünglich eine Naturgöttin. Die Geburt des Zeus könnte den Übergang von einer Religion, die von einer weiblichen Gottheit dominiert wurde, zur Dominanz des Männlichen markieren.

In mykenischer Zeit wurde in einer Höhle östlich von Iraklion Eileithyia verehrt, eine Göttin, die den gebärenden Frauen Beistand leistete, eine Nachfahrin der minoischen Naturgöttin.

Vielleicht stand die Vegetationsgöttin in Beziehung zu einem jugendlichen männlichen Gott, mit dem sie sich vereinigte, einem Gott, wie er in dem Mythos des kretischen Zeus weiterlebt, der alljährlich stirbt und wieder geboren wird.

Wenn Frauen mit entblößten Brüsten dargestellt werden, so zeigt das gewiss nicht die allgemein übliche Art, sich zu kleiden; das Gewand symbolisiert vielmehr Fruchtbarkeit und war gewiss nur den Priesterinnen beim Vollzug von Riten vorbehalten.

Die Gottheiten wurden nicht in Tempeln verehrt, sondern in Höhlen, in Hainen, auf Berggipfeln und in sog. Pfeilerkrypten in den Palästen. Die Pfeiler sollten wohl wie die Stalagmiten und Stalaktiten in den Höhlen Erscheinungsformen der Gottheit sein.

Monumentale Steinplastiken gab es nicht. Man opferte Samen von Früchten und Tiere, vor allem Stiere.

Das überall gegenwärtige, von den Mykenern als Doppelaxt, *labrys*, gedeutete Zeichen hatte sicher eine religiöse Bedeutung, vergleichbar der des Kreuzes im Christentum. *Labrys* soll im Lydischen die Bezeichnung für Doppelaxt gewesen sein. (Plutarch, Quaestiones Graecae, 302 A 1). Der sog. Palast wäre dann nach der *labrys* als Labyrinth, d.h. als *das Haus der Doppelaxt,* bezeichnet worden. Das Wort Labyrinth kommt auf einem Linear B-Täfelchen des 14. Jahrhunderts v.Chr. vor.

Später ist der Komplex als Gefängnis des Minotauros gedeutet worden, als ein unübersichtlicher Bau mit verwinkelten Wegen.

Kultischen Charakter dürften wohl die Stierspiele gehabt haben, bei denen ein Mann oder eine Frau mit einem Salto über das heransprengende Tier setzte. Der Sprung war nicht ungefährlich und hat sicher nicht selten zum Tod geführt. Andere deuten die Spiele als Initiationsriten.

Der griechische Archäologe Yannis Sakellarakis (1936–2010) war davon überzeugt, 1979 in einem Heiligtum an der Nordflanke des Jouchtasgebirges in einem Heiligtum in der Nähe von Acharnés einen Beweis für Menschenopfer entdeckt zu haben. Er hat das Ereignis in das 17. Jahrhundert v.Chr. datiert. Man hoffte damals offenbar, auf diese Weise ein sich ankündigendes Erdbeben abwenden zu können. Vergeblich: Das Gebäude ist zerstört worden. Menschenopfer waren offenbar keine Seltenheit: Einer musste für das Wohl aller sterben.

Der Mythos kennt die jungen Mädchen und jungen Männer aus Athen, die dem Minotauros zum Fraß vorgeworfen wurden: auch ein Menschenopfer.

In Homers Ilias ist es Achill, der seinem toten Freund Patroklos Menschen opfert. (23, VV. 181/82).

1.5 Die Mykener (die Nachpalastzeit, ca. 1450 bis 12. Jh. v.Chr.)

Um 1450 v.Chr. wurde die Insel erneut von einer Katastrophe heimgesucht, die das Land verwüstete und die Paläste zerstörte. Dass sie durch den Vulkanausbruch auf Santorin ausgelöst wurde, gilt als unwahrscheinlich, er wird sehr viel früher datiert (ca. 1620 v.Chr.). Die Ursache war möglicherweise eine Invasion von Griechen, die vom Festland kamen und die Heinrich Schliemann nach der mächtigsten ihrer Burgen, der Burg von Mykene in der Peloponnes, als *Mykener* bezeichnet hat. Homer spricht von den *Achaiern* und den *Kydonen.* (Od. 19, VV. 175/176). Das heutige Chaniá hieß ursprünglich Kydonia. Vielleicht haben die Mykener die Insel erobert, indem sie ein durch die Verwüstungen verursachtes Machtvakuum ausgenutzt haben.

Grabfunde von Lanzen, Speeren und Schwertern, auch einem Eberzahnhelm von der Art, wie ihn Homer beschreibt (Ilias 10, VV. 260ff.) und wie man ihn in der Peloponnes gefunden hat, lassen darauf schließen, dass nun eine wehrhafte Herrenschicht das Regiment auf der Insel führte. Bei Homer ist es der Kreter Meriónes, der Odysseus mit dem Helm ausstattet. Aus der mykenischen Zeit stammt das Fresko mit den großen achtförmigen Schilden im Palast von Knossós. Aus Helm und Schild haben Homerforscher geschlossen, dass es eine mündliche Tradition von der mykenischen Zeit bis in das 8. Jahrhundert v.Chr. gegeben habe, bis zu der Zeit, in der Homer seine Epen verfasst hat. Die Theorie ist umstritten.

Auch die Art der Malerei änderte sich: Stilisierte Pflanzen, Blätter und Blüten zeigen nun eine Vorliebe für das Dekorative. Symmetrie und Tektonik herrschen vor. Figuren werden schematisiert. Die Formen der Gefäße werden vom praktischen Nutzen bestimmt.

Die neuen Siedler brachten Ortsnamen aus der Peloponnes mit, z.B. Gortyn (neugriechisch Gortys) und Arkadia.

Die Toten wurden in Sarkophagen oder Wannen begraben. Berühmt ist der Steinsarkophag aus Agía Triáda. Er ist auf allen Seiten mit Fresken bemalt, die religiöse Riten darstellen. Er stammt aus der Zeit um 1400 v.Chr.

Die Kreter der mykenischen Epoche werden in der homerischen Ilias als Teilnehmer an dem Trojanischen Krieg erwähnt.

Ob es jetzt ein Zentrum mit einem die Insel beherrschenden Machthaber gegeben hat, ist unbekannt. Der Palast in Knossós wurde um 1400 wieder errichtet, freilich nicht in der alten Größe und Pracht. Die Wandbilder, die aus dieser Zeit stammen, zeigen erstarrte Figuren, denen die Minoer auszeichnende Dynamik fehlt. Um 1350 v.Chr. wurde dieser Bau endgültig zerstört. Den Grund kennen wir nicht.

Es wurden Viehzucht und Ackerbau betrieben, Wein und Olivenöl exportiert, Silber, Gold, Elfenbein und Metalle importiert. Es gab nach wie vor vielfältige Handelsbeziehungen, aber keine gegenüber den Anrainern der Ägäis herausragende Stellung. Dass das Machtzentrum auf dem Festland gelegen haben muss, spiegelt sich vielleicht in dem folgenden Mythos:

Eine der 12 Arbeiten, die der besonders in der Peloponnes als Heros verehrte Herakles im Auftrag des Eurystheus, des Königs von Mykene, zu vollbringen hatte, bestand darin, den kretischen Stier zu fangen und nach Griechenland zu bringen:

> *Er fuhr auf die Insel hinüber und brachte den Stier mit Hilfe des Königs Minos auf die Peloponnes, indem er sich von dem Tier über das* große Meer tragen ließ.
>
> (Diodór, 1. Jh. v.Chr., 4, 13, 4).

Wieder ist es ein Stier, der mit Kreta in Verbindung gebracht wird.

Linear B – Die Olympischen Götter halten Einzug.

Steinsarkophag von Agia Triada

Doppelaxt

Die neuen Herren haben eine neue Schrift entwickelt, eine Silbenschrift, die man Linear B nennt. Sie ist 1952 entziffert worden. Mit ihr sind Tontäfelchen beschriftet worden, die sich durch Zufall in Knossós, Kydónia (Chaniá) und zahlreichen Zentren auf der Peloponnes erhalten haben, weil sie bei Bränden gehärtet worden sind. Es handelt sich um eine frühe Form des Griechischen, die in keinem der späteren Dialekte Spuren hinterlassen hat.

Die erhaltenen Täfelchen dienten Verwaltungszwecken, um im Palast ein- und ausgehende Waren zu registrieren. Sie geben uns Einblick in die Wirtschaft, aber auch in religiöse Vorstellungen, da viele Olympische Gottheiten namentlich erwähnt werden: Zeus und Hera, Poseidon, Hermes, Artemis, Athena, außerdem erscheinen die Geburtsgöttin Eileithyia, ein später mit Apollon identifizierter Paian und ein Enyalios, der mit Ares gleichgesetzt wurde. Für Zeus und Poseidon gab es weibliche Entsprechungen. Erstaunen hat hervorgerufen, dass bereits Dionysos verehrt wurde, den man für keinen genuin griechischen Gott gehalten hatte. Es mag Zufall sein, dass Aphrodite auf keinem Täfelchen erwähnt wird. In der mykenischen Zeit war also das für die Griechen charakteristische polytheistische System schon voll ausgebildet. Zeus hat die Vegetationsgöttin von dem Platz der am höchsten verehrten Gottheit verdrängt.

Die altansässige Bevölkerung hat allerdings die minoischen Gottheiten, z.B. Diktynna und Britomartis, weiter verehrt.

In die minoisch-mykenische Götterwelt gehört auch Plutos, der Gott, der den Getreidereichtum symbolisiert. Er wird später in den Eleusinischen Mysterien als Gott der Unterwelt erscheinen und Pluton heißen. In Hesiods Theogonie heißt es von ihm:

Einen Sohn gebar Demeter, die hehre Göttin,
Plutos, nachdem sie sich mit dem Heros Iasíon in Liebe
zärtlich vereinigt hatte auf dem dreimal gepflügten
Brachfeld auf der fruchtbaren Insel Kreta, Plutos,
der das Land durchwandert und den Meeresrücken ...

(VV. 969–172).

Zur Aufzeichnung längerer Texte war die Linear B-Schrift wohl eher nicht geeignet. Aber man kann nicht ausschließen, dass außer Ton auch andere Materialien beschriftet wurden, die sich nicht erhalten haben, z.B. Papyrus.

Über die Datierung der Täfelchen herrscht keine Einigkeit, da es häufig Brände gab, die zu ihrer Härtung geführt haben könnten. Diskutiert werden die Zeit um 1400 v.Chr. oder das Ende der mykenischen Zeit im 12. Jahrhundert v.Chr.

Für die Gottheiten wurden Tempel errichtet. Priester wird der jeweilige König gewesen sein.

1.6 Von den Dorern bis zu den Römern (11. Jh. bis 67 v.Chr.)

Im 11. Jahrhundert begannen die Dorer von Norden nach Griechenland einzuwandern. Sie erreichten auch Kreta. Sie kamen über einen langen Zeitraum in kleineren und größeren Gruppen.

Mit ihnen begann die Eisenzeit.

Ihre Toten begruben sie nicht mehr in Sarkophagen, sie verbrannten sie.

Alte Kultorte wie die Idäische Grotte blieben erhalten.

Sie gründeten kleinere befestigte Siedlungen auf Hügeln und in den Bergen, ein Zeichen für die Unsicherheit der Zeit.

Seit dem 8. Jahrhundert v.Chr. entstanden allmählich urbane Zentren, autonome Stadtstaaten. Sie wurden zuerst von Königen, dann von Aristokraten regiert. Die Verfassungen der Aristokratien orientierten sich im Wesentlichen an dem spartanischen Muster mit gewählten Beamten an der Spitze, die aus den vornehmen Familien stammten, einem Adelsrat und einer Volksversammlung, die über Anträge abstimmte und über Krieg und Frieden entschied, im Übrigen aber über keinen großen Einfluss verfügte. Die volljährigen Bürger trafen sich zu gemeinsamen Mahlzeiten. Unfreie unterschiedlicher Rechtsstellung bildeten die unterste soziale Schicht. Die Erziehung der Oberschicht war auf militärische Bedürfnisse ausgerichtet. Ein anonymes Epigramm aus der Zeit des Hellenismus vermittelt ein anschauliches Bild:

> *Knabenliebe schenkte dem Pratalídas der Eros,*
> *Artemis Jagd und den Tanz Musen, Ares den Kampf.*
> *Glücklich war der Mann aus Lykástos, der in der Liebe*
> *führend war und im Tanz und bei der Jagd und im Krieg.*
> (Anth. Graeca 7, 449).

Die Bevölkerung war heterogen. Homer schreibt über sie um 700 v.Chr. in der Odyssee folgendes:

> *Kreta ist ein Land inmitten des purpurroten*
> *Meeres, schön und fruchtbar und rings umflossen. Es leben*
> *unzählig viele Menschen dort, und neunzig Städte*
> *gibt es. Unterschiedliche Sprachen werden gesprochen.*
> *Einwohner sind Achaier, stolze Eteokreter, die Kydonen*
> *und drei Stämme der Dorer sowie die edlen Pelasger.*
> (19, VV. 172–177).

Deutlich ist die Schichtung in drei Gruppen:

- Die minoische, vorgriechische Bevölkerung, die Eteokreter, d.h. die echten Kreter, von denen sich viele in die Berge zurückgezogen hatten,

weil sie sich nicht hatten unterwerfen wollen, und die Pelasger, die sich nicht eindeutig als eine Bevölkerungsgruppe identifizieren lassen,
- die Achaier und Kydonen,
- die Dorer.

In einem Passus des Geschichtswerks des griechischen Historikers Herodot (ca. 485 bis ca. 425 v.Chr.) wird das Bild, das wir aus Homers Ilias gewinnen, bestätigt. Deutlich werden die beiden wichtigen Einschnitte in der Geschichte der Insel, die Eroberung durch die Achaier und die Einwanderung der Dorer, markiert. Herodot berichtet von einem Heereszug, den Minos – der Sage nach – nach Sizilien unternommen habe. Er sei gescheitert, und das habe dazu geführt, dass die Kreter in Sizilien geblieben und dort sesshaft geworden seien.

> *In das entvölkerte Kreta seien ... andere Menschen eingewandert, hauptsächlich Hellenen. In der dritten Generation nach dem Tod des Minos sei der Trojanische Krieg ausgebrochen, in dem sich die Kreter nicht als die schlechtesten Rächer des dem Menelaos zugefügten Unrechts erwiesen hätten.*
>
> *Es sei, als sie aus Troja zurückgekehrt seien, eine Hungersnot und eine Pest ausgebrochen. Sie habe Menschen und Tiere dahingerafft, so dass Kreta wiederum entvölkert worden sei. Nun bewohne eine dritte Bevölkerung gemeinsam mit den Überlebenden die Insel.*
>
> (7, 171).

Dass die Minoer mit Sizilien Handelsbeziehungen unterhalten haben, ist glaubhaft, weniger, dass sie einen Kriegszug dorthin unternommen haben.

Nach der dorischen Einwanderung war die Zeit der wirtschaftlichen Prosperität vorüber, obwohl die Insel nach wie vor ein wichtiges Handelszentrum in der Ägäis war.

Im 8. Jahrhundert v.Chr. übernahmen die Kreter wie alle Griechen von den Phöniziern die Buchstabenschrift in der dem Griechischen angepassten Form. Herodot schreibt:

> *Die Jonier übernahmen durch Belehrung die Buchstaben von den Phönikern. Sie gebrauchten sie, nachdem sie einige von ihnen verändert hatten, und sie gaben ihnen den Namen „phönikische Buchstaben", wie es ja auch richtig ist, da die Phöniker sie in Griechenland eingeführt haben.*
>
> (5, 58,2).

Wo die ersten Kontakte geknüpft und die Schrift der griechischen Sprache angepasst wurde, weiß man nicht.

Kore von Auxerre/Eleutherna

Um 700 v.Chr. gründeten Kreter gemeinsam mit Rhodiern die Kolonie Gela in Sizilien. (Thukýdides, 6, 4, 3). Es blieb die einzige.

Kulturell war die Insel isoliert. Bedeutende Dichter hat sie im Gegensatz etwa zu der Insel Lesbos, die Sappho und Alkaios (um 600 v.Chr.) hervorgebracht hat, und der Insel Paros, auf der Archílochos geboren wurde (7. Jh. v. Chr.), nicht aufzuweisen. Theater oder große Tempel sucht man vergebens.

Eine Kalksteinplastik, die Statuette einer stehenden bekleideten Frau, einer Göttin oder einer Stifterin, die sog. *Kore von Auxerre* (oder *Eleutherna*, wie man sie neuerdings nach dem Fund einer gleichartigen Kore in Eleutherna nennt) zeugt von hoher Kunstfertigkeit. Sie wird auf ca. 640 v.Chr. datiert. Sie befindet sich im Louvre. Wenn auch der Körper unter dem Kleid verborgen ist, werden seine Formen trotzdem unter der Oberfläche deutlich sichtbar. Die bewegten Lippen und der geradeaus gerichtete Blick verleihen dem Gesicht einen lebendigen Ausdruck.

Der Mythos weist Daidalos, der auf Kreta gewirkt hat (Homer, Od., 19, VV. 591/592), als den ersten griechischen Künstler aus. Nach ihm wird die griechische Kunst des 7. Jahrhunderts v.Chr. *daidalisch* genannt.

An dem großen Krieg, den die Griechen gegen die Perser führten, nahm Kreta nicht teil. Die Insel bewahrte ihre Unabhängigkeit gegenüber den Persern, den Stadtstaaten Athen und Sparta und später gegenüber den Makedonen und den Diadochen.

Die zahlreichen innerkretischen Konflikte führten dazu, dass sich seit dem 3. Jahrhundert v.Chr. die Kreter mehr und mehr auf den Seeraub verlegten, sich als Söldner anwerben ließen oder auswanderten.

Ein gewisser Timólytos klagt in der Inschrift seines Grabsteins, der auf einem Kenotaph steht:

Kreter – immer Räuber und Piraten sind sie,
nie gerecht. Das Recht kennt der Kreter nicht.
Als ich armer Timólytos einmal mit keineswegs reicher
Ware das Meer befuhr, bohrten sie mich in den Grund,
Kreter. Meeresvögel, Möven, weinen jetzt um
mich. In dem Grab liegt Timólytos nicht.
(Leonidas Tarantinos, Anth. Graeca, 7, 654).

Auf der Insel blühte der Sklavenhandel. Geraubte Menschen wurden entweder für Lösegeld freigelassen oder verkauft.

Das aristokratische Herrschaftssystem blieb unverändert bestehen. Der für den Hellenismus typische Euergetismus, die Stiftung von Bauten und Festen durch reiche Bürger, fehlt auf Kreta. Die auf die Gemeinschaft ausgerichtete Ordnung hinderte Individuen daran, sich vor anderen hervorzutun zu wollen.

1.7 Die Römer (67 v.Chr. bis 395 n.Chr.)

Die Römer fühlten sich durch die Piraterie der Kreter in der Ägäis seit dem 2. Jahrhundert v.Chr. herausgefordert. 67 v.Chr. brachten sie den Kretern endlich nach langjährigem Kampf eine vernichtende Niederlage bei. Die Insel kam unter römische Herrschaft, sie war zunächst eine selbstständige Provinz. 27 v.Chr. wurde sie mit der Kyrenaika (dem heutigen Libyen) vereinigt. Als senatorische Provinz wurde sie von einem Proprätor verwaltet. Die neuen Herrscher machten den permanenten kriegerischen Auseinandersetzungen der Stadtstaaten untereinander ein Ende, Kreta wurde befriedet und eine Einheit. Die von dem Kaiser Augustus proklamierte Idee der *Pax Romana, des Römischen Friedens*, gewährleistete Schutz und Sicherheit. Die Hauptstadt war Gortyn.

Reiche Bürger aus Italien kauften Land und bewirtschafteten es als Großgrundbesitz. Mit Wein und Öl verdienten sie viel Geld. Händler wanderten ein, Veteranen wurden angesiedelt. In dem durch Kriege zerstörten Knossós gründete Augustus 27 v.Chr. eine Kolonie: Colonia Iulia Nobilis Cnossos.

Die Städte verloren ihre Autonomie, die alte aristokratische Sozialordnung brach zusammen, die Gemeinschaftsmahle wurden abgeschafft. Nach wie vor erfreuten sich aber kretische Bogenschützen großer Beliebtheit. *Cohortes Cretum* taten im 1. Jahrhundert n.Chr. im Donaugebiet und im 4. Jahrhundert in Jordanien Dienst. Ein Grabstein in Mainz kündet von einem Kreter namens Theander, der nach 26 Dienstjahren in der römischen Armee mit 45 Jahren gestorben ist.

Mit Thermen, Odeen, Theatern, Amphitheatern, Gymnasien, Nymphäen und Aquädukten kehrte römisches Leben ein. Statuen schmückten Häuser, Gärten, Plätze und Tempel, Straßen verbanden die Städte miteinander. Reiche Männer und Frauen erbrachten Leistungen für die Gemeinschaft, ließen Bauten errichten oder Spiele veranstalten und waren stolz darauf, dass ihr Name in Inschriften genannt wurde und so die Zeiten überdauerte.

Mysterienkulte hielten Einzug, die Verehrung kretischer Gottheiten wie der Diktynna in Westkreta und des kretischen Zeus in der Idäischen Grotte wurde neu belebt, die Heilstätten des Asklepios in Lebéna und Lisos fanden starken Zulauf. Eine wichtige Rolle spielte wie überall im Reich der Kaiserkult.

Unter der Regierung des Kaisers Diokletian (284–305 n.Chr.) wurde Kreta wieder eine selbstständige Provinz.

1.8 Die Christen

Kreta war eine Station auf der Fahrt, die den Apostel Paulus als Gefangenen von Caesarea nach Rom bringen sollte. In der Apostelgeschichte wird berichtet:

> *Wir kamen aber viele Tage nur langsam vorwärts und gelangten mit Mühe bis auf die Höhe von Knidos, denn der Wind hinderte uns; und wir fuhren im Schutz von Kreta hin bis Salmone und kamen kaum daran vorüber und gelangten an einen Ort, der „Guthafen" heißt, nahe dabei lag die Stadt Lasaea (Lasaia, Lasséa).*
>
> *Da nun viel Zeit vergangen war und die Schifffahrt bereits gefährlich wurde, weil auch das Fasten schon vorüber war, ermahnte sie Paulus und sprach zu ihnen: „Ihr Männer, ich sehe, dass diese Fahrt mit Leid und großem Schaden vor sich gehen wird, nicht allein für die Ladung und das Schiff, sondern auch für unser Leben." Aber der Hauptmann glaubte dem Steuermann und dem Schiffsherrn mehr als dem, was Paulus sagte. Und da der Hafen zum Überwintern ungeeignet war, bestanden die meisten von ihnen auf dem Plan, von dort weiterzufahren und zu versuchen, ob sie zum Überwintern bis nach Phoenix kommen könnten, einem Hafen auf Kreta, der gegen Südwest und Nordwest offen war.*
>
> (27, VV. 7–12, Übers.: M. Luther, 2017).

Paulus sollte Recht behalten. Das Schiff geriet in einen Sturm und gelangte mit Mühe nach Malta. Über das Jahr der Schiffsfahrt gibt es kein zuverlässiges Zeugnis. Die Datierungen schwanken zwischen 58 und 61 n.Chr.

In dem (unechten) Brief des Paulus an Titus (um 100 n.Chr.) erscheint Titus als der erste von Paulus eingesetzte Leiter der christlichen Gemeinde auf Kreta:

> *Deswegen ließ ich dich in Kreta, dass du vollends ausrichten solltest, was noch fehlt, und Stadt für Stadt Älteste einsetzt, wie ich dir befohlen habe.* (1, V. 5).

Titus war ein Heidenchrist. Paulus nennt ihn im *2. Brief an die Korinther* (8, V. 23) seinen *Gefährten und Mitarbeiter*. Später galt er als der erste Bischof von Kreta und als der Missionar der Insel. Die Kreter haben durch ihn den Anschluss an den Apostel Paulus gesucht. Er galt als Nachkomme kretischer Könige. Er soll im Alter von 94 Jahren enthauptet worden sein. Im 4. Jahrhundert n.Chr. ist er heiliggesprochen worden. Er ist der Schutzpatron Kretas. Von der im 6. Jahrhundert erbauten Titusbasilika in Gortyn sind nur Teile erhalten geblieben.

In der Regierungszeit des Kaisers Decius (249–251 n.Chr.) starben zehn Männer den Märtyrertod, weil sie sich geweigert hatten, dem Kaiser und den heidnischen Göttern zu opfern. Sie wurden heiliggesprochen. Der Name eines kleinen Ortes unweit von Gortyn, in dem sie getötet worden sein sollen, hält die Erinnerung an sie wach: Agii Deka – *Die heiligen Zehn*. Ursprünglich hieß der Ort Platanos. Die Märtyrer ruhen in einer kleinen, schlichten Kapelle. Sie haben für die Kreter eine große Bedeutung. Ihr Fest wird am 23. Dezember gefeiert.

Das Christentum setzte sich nur langsam durch. Erst im 5. und 6. Jahrhundert wurden zahlreiche Basiliken gebaut.

Obwohl Kreta seit der Teilung des Reiches im Jahr 395 n.Chr. zum Oströmischen Reich gehörte, blieb die Kirche noch bis ins 8. Jahrhundert dem Papst in Rom unterstellt. Seitdem untersteht sie dem Ökumenischen Patriarchen in Konstantinopel. Fast alle Einwohner gehören dem christlich-orthodoxen Glauben an.

Seit dem 4. Jahrhundert v.Chr. gab es jüdische Gemeinden. Die Juden erlitten in der Zeit der deutschen Besetzung 1941–1944 dasselbe Schicksal wie alle ihre Glaubensbrüder und -schwestern im nationalsozialistischen Herrschaftsbereich. Heute leben nur noch wenige Juden auf der Insel.

1.9 Byzantiner, Sarazenen und Venezianer (395–1669 n.Chr.)

Von der Teilung des Römischen Reiches 395 n.Chr. an bis zum 4. Kreuzzug 1204 n.Chr. gehörte Kreta zum Ostreich. In dieser Zeit wurde die Insel von plündernden Goten (268), Vandalen (457) und Slaven (623) heimgesucht. Im 4. und 5. Jahrhundert litt sie immer wieder unter Erdbeben. Im Osten stieg der Meeresspiegel an und überspülte mehrere Städte, unter ihnen Olous, im Westen wurde das Land angehoben.

Zwischen 824 und 961 setzten sich spanische Sarazenen auf der Insel fest, Piraten, die das Meer unsicher machten und mit Waren und Sklaven handelten. Ihre Hauptstadt war Iraklion. Der Name, ursprünglich Heraklion, soll von dem mythischen Helden Herakles abgeleitet sein, der als 7. Aufgabe einen kretischen Stier bändigen, fangen und seinem Auftraggeber, dem König Eurystheus, in die Argolis bringen sollte. Man sagt, er sei hier gelandet. Die Sarazenen befestigten die Stadt und nannten sie *Rabd el Chandak – Burg mit einem Graben*. Die Byzantiner leiteten davon den Namen Chandax ab, die Venezianer Candia, den sie auch für die ganze Insel verwendeten. Erst 1913, als Kreta mit Griechenland vereinigt wurde, erhielt die Stadt ihren alten Namen in neugriechischer Schreibweise wieder: Iraklion.

Die Araber haben die Insel nicht kolonisiert.

961 begann die zweite byzantinische Epoche, sie dauerte bis 1204. Kreta wurde eine Flottenbasis. Mehr als 1000 kleine Kirchen und Kapellen wurden gebaut.

Nach dem 4. Kreuzzug (1204) fiel Kreta zunächst an den Markgrafen von Montferrat, Bonifatius II., der sie für 10000 Silbermark den Venezianern verkaufte. Unter ihnen erlebte sie eine wirtschaftliche Blütezeit. Candia (Iraklion), Réthymnon und Chaniá wurden zu Hafenstädten ausgebaut und mit Mauern umgeben.

Als die Türken 1453 Konstantinopel eroberten, suchten viele Gelehrte und Künstler auf Kreta Zuflucht. Jetzt begann ein kultureller Aufschwung. Vitzentzos Kornaros (1553–1613), ein gräzisierter Venezianer, schrieb ein Versepos mit dem Titel *Erotókritos*, eine Liebesgeschichte, er schrieb sie in der griechischen Volkssprache, die erst 1976 als die offizielle Staatssprache Griechenlands anerkannt worden ist und die Hochsprache, die man *die Reine – katharévousa* nennt, abgelöst hat. Auch an Dramen fand man Interesse. In der Ikonenmalerei entwickelte sich eine eigene *Kretische Schule*, deren bekanntester Vertreter Michael Damaskinós war. Er gilt – wenn auch nicht persönlich, so doch durch sein Werk – als Lehrer von Domenikos Theotokópoulos, dem man in Spanien den Namen *El Greco* (der Grieche) gab, in einer Zusammenfügung aus spanischem Artikel und italienischem Nomen. El Greco lebte 1541–1614. Leider besitzt Kreta keines seiner Werke, wohl aber sechs Bilder des Michael Damaskinós. Sie sind zwischen 1579 und 1591 in Kreta entstanden und im Ikonenmuseum in Iraklion ausgestellt.

Orthodoxe Klöster und Schulen wurden gegründet, Kirchen und Kapellen mit Fresken ausgemalt.

1.10 Von der türkischen Herrschaft bis zur Vereinigung mit Griechenland (1669–1913)

1645 landeten die Osmanen im Hafen von Chaniá und begannen, den Norden der Insel zu erobern. 21 Jahre hielt die Stadt Candia (Iraklion) der Belagerung stand, bevor sie sich 1669 ergeben musste. Den Verteidigern wurde ein ehrenvoller Abzug gewährt. Ganz Europa hatte den Kampf um die letzte christliche Bastion in der Ägäis mit Angst und Spannung verfolgt.

Die Insel wurde türkisches Territorium. Hohe Abgaben für Christen und Enteignung von Ländereien führten zu einer Verarmung der Bevölkerung und zu einem wirtschaftlichen Niedergang. Knaben wurden zwangsrekrutiert und zu muslimischen Soldaten (Janitscharen) oder Beamten erzogen. Viele Christen konvertierten zum Islam, ohne ihren Widerstand gegen die fremden Herren aufzugeben.

1821–1840 waren die Ägypter die Herren der Insel, eine kurze Unterbrechung der türkischen Herrschaft.

1866 war das Kloster Arkadi, das aus dem 16. Jahrhundert stammt und etwa 20 km südöstlich von Réthymnon liegt, ein Zentrum des Widerstands. Viele Menschen aus der Umgebung hatten hinter den Mauern des Klosters Schutz gesucht. Die Türken boten eine große Heeresmacht auf, um es zu erobern. Als die Lage aussichtslos war, beschlossen die Belagerten, sich zu töten. Durch einen Schuss in ein Pulverfass brachten sie das Gebäude zum Einsturz. Es wurde wiederaufgebaut und zu einem Symbol kretischen Mutes und Widerstands.

Schon seit dem Beginn des griechischen Freiheitskampfes im Mutterland 1821 und verstärkt, seit Griechenland 1832 ein autonomer Staat geworden war, gab es wiederholt Aufstände gegen die muslimischen Machthaber der Insel. Als 1898 die Engländer intervenierten, mussten die Türken die Insel räumen. Prinz Georg, der jüngere Sohn des griechischen Königs Georg I., wurde von den Großmächten England, Frankreich, Russland und Italien als Hochkommissar unter nomineller türkischer Herrschaft eingesetzt. Die Schutzmächte waren auf der Insel präsent. Die Kreter waren mit dem Status unzufrieden. Sie erstrebten den Anschluss an Griechenland. 1905 musste der Hochkommissar zurücktreten. 1913 wurde die Vereinigung mit Griechenland offiziell vollzogen. Großen Anteil daran hatte der kretische Politiker Eleftherios Venizelos (1864–1936). Er war mehrfach griechischer Ministerpräsident. Die Hauptstadt Kretas wurde wieder Iraklion.

Als nach dem 1. Weltkrieg die Griechen aufgrund der Vereinbarung über einen Bevölkerungsaustausch aus Kleinasien vertrieben wurden, siedelten sich ca. 35000 von ihnen in Kreta an, ca. 22000 türkischstämmige Kreter mussten die Insel verlassen.

Im 2. Weltkrieg erlitt Kreta dasselbe Schicksal wie Griechenland: Von 1941 bis 1944 war es von deutschen Truppen besetzt.

1.11 Der schlechte Ruf der alten Kreter

In dem schon genannten unechten Brief an Titus warnt der Apostel Paulus den Bischof vor den schlechten Charaktereigenschaften der Kreter. Er zitiert Epimenídes, einen Theologen und Wundertäter aus Knossós (ca. 500 v.Chr.), von dem es heißt, er habe 57 Jahre in der Diktäischen Höhle geschlafen (Diogenes Laertios, 3. Jh. n.Chr., 1, 109).

> *Es hat einer von ihnen gesagt, ihr eigener Prophet: Die Kreter sind immer Lügner, böse Tiere und faule Bäuche. Dieses Zeugnis ist wahr.*
>
> (1, V. 12 und 18, Übers.: M. Luther).

Der Satz war und ist Anlass für eine philosophische Diskussion über das sog. Lügner-Paradoxon: Die Aussage ist, bezieht man sie auf den Sprecher, einen Kreter, eine Lüge, also unwahr. Wenn er aber lügt, so erweist sie sich als wahr.

Epimenídes hatte es den Kretern übel genommen, dass sie Zeus für tot erklärt hatten.

Von den lügenden Kretern ist in der antiken griechischen Literatur immer wieder die Rede. Der Dichter Kallimachos (1. Hälfte des 3. Jahrhunderts v.Chr.) zitiert den Ausspruch des Epimenídes in seinem Zeushymnus. (V. 8). Für den Historiker Polybios (ca. 200–118 v.Chr.) bedeutet *kretizein – kretisch sprechen* soviel wie *lügen*. (8, 19, 5). In den Lebensbeschreibungen des Lysander und Aemilius Paullus spricht der Biograph Plutarch (ca. 45 bis ca. 120 n.Chr.) zweimal von dem betrügerischen Charakter der Kreter. (Aemilius, Kap. 23, Lysander, Kap. 20). Man sieht: Hat man seinen Ruf einmal ruiniert, wird man das schlechte Image nicht mehr los.

Aus dem Alten Testament kennen wir den Ausdruck *Krethi und Plethi*. Gemeint sind die Kreter und Philister, die einst die Leibwache des Königs David stellten, ehrenwerte Leute, die niemand diffamieren wollte. (2. Samuel 15, V. 18).

1.12 Berühmte Kreter des 20. Jahrhunderts

Wir wollen nicht mit dem schlechten Ruf der Kreter schließen, sondern wenigstens auf zwei berühmte Söhne der Insel hinweisen:

Der Schriftsteller Nikos Kazantzakis (1883–1957) ist in Deutschland vor allem durch die Verfilmung seines Romans *Alexis Sorbas*, der auf Kreta spielt, bekannt geworden. In seiner Autobiographie mit dem Titel *Rechenschaft vor El Greco* beschreibt der Autor, wie er in Knossós ein Wandgemälde entdeckte, das ihn mehr als alle anderen Bilder erschütterte.

Der dargestellte minoische Schwalbenfisch wurde für ihn zu einem Symbol des Kampfes für die Freiheit

> *Viele Fische schwammen und spielten im Meer mit erhobenem Schwanz, glücklich; und plötzlich hatte unter ihnen ein Schwalbenfisch seine Flügel aufgeschlagen, einen Sprung gemacht und war aus dem Meer herausgesprungen, um Luft einzuatmen. Er hatte es in der Sklavennatur des Fisches nicht ausgehalten, dass er das ganze Leben im Wasser lebe, sehnte sich danach, sein Schicksal zu überwinden, freie Luft zu atmen, ein Vogel zu werden. Für einen Augenblick nur, solange er es aushalten konnte, doch es genügte; dieser blitzartige Augenblick war die Ewigkeit. Das heißt Ewigkeit.*

Ich betrachtete mit großer Erschütterung und mit Mitleid diesen Schwalbenfisch, als wäre er meine Seele und ich sähe sie dort auf der Palastwand vor Tausenden von Jahren gemalt. „Dies ist der heilige Fisch Kretas", murmelte ich, „der hochspringt, um die Notwendigkeit zu überschreiten und Freiheit zu atmen." Suchte auch Christus, der Fisch, nicht das Gleiche, nämlich das Schicksal der Menschen zu überwinden und sich mit Gott, das heißt, mit der absoluten Freiheit, zu vereinen? Sucht nicht auch jede kämpfende Seele das Gleiche, die Grenzen zu sprengen? Welches Glück, dachte ich, dass vielleicht dieses Symbol der Seele, die für die Freiheit kämpft und stirbt, zum ersten Mal auf Kreta entstand! Der Schwalbenfisch, das ist die Seele des kämpfenden Menschen, der die Anbetung nicht kennt.

(a.a.O., S. 480/81).

In einem anderen Kapitel dieses Buches reflektiert Kazantzakis über die Religion der Minoer. Er erzählt von der Begegnung mit einem katholischen Priester, dem Abbé Murnier. Bei der gemeinsamen Besichtigung des Palastes von Knossós tauschen die beiden Männer ihre Gedanken aus:

Hier führte nicht die unbeugsame und strenge Logik; der Geist war nützlich, doch nur Diener, nicht Herr; Herr war ein anderer, wie sollen wir ihn nennen? Ich wandte mich an den Abbé, teilte ihm meine Gedanken mit, bat um seine Meinung.

„Wer der Herr ist?" antwortete er lachend. „Erwartest du von einem Priester, dass er dir anderes sagt als dies: Gott? Der Gott der Kreter war der Herr, er führte ihre Hand und ihren Geist, eine Art Vorarbeiter. Und dieser kretische Gott war beweglich und spielerisch wie das die Insel umgebende Meer. So bilden Landschaft, Palast, Wandgemälde und Meer eine vollkommene Harmonie und Einheit." ...

Wir blieben bei einem Pfeiler aus glänzendem Gips stehen, auf dem das heilige Zeichen, die Doppelaxt, eingraviert war. Der Abbé faltete die Hände, beugte für einen Augenblick das Knie, und seine Lippen bewegten sich, als bete er.

Ich war erstaunt.

„Beten Sie?" fragte ich ihn.

„Natürlich bete ich, mein junger Freund, antwortete er. „Jedes Volk und jede Epoche drücken ihrem Gott ihre besondere Maske auf, doch hinter allen Masken steht in allen Epochen und bei allen Völkern immer derselbe Gott."

Er schwieg, und bald darauf:

„Wir besitzen als heiliges Zeichen das Kreuz, bei deinen ältesten Vorfahren war es die Doppelaxt. Doch hinter Kreuz und Doppelaxt erkenne und bete ich an, indem ich die vergänglichen Symbole beiseiteschiebe, denselben Gott."...

Wir standen auf, ließen unsere Blicke auf dem herrlichen Bild ruhen; ich würde es wiedersehen, doch der Abbé seufzte.

„Nie mehr", murmelte er.

Er winkte den Säulen, den Höfen, den Wandgemälden, Abschied nehmend, zu.

„Lebt wohl," sagte er, „ein Pfarrer kam vom Ende der Welt als Pilger zu euch, er hat euch seine Verehrung zu Füßen gelegt, lebt wohl."

Auf dem Heimweg hielten sie vor einem kleinen türkischen Kloster, in dem Derwische lebten. Sie traten ein, aus einer Zelle trat ein Derwisch auf sie zu, nach und nach gesellten sich andere zu ihnen. Sie erkundigten sich nach der Art, wie sie ihren Gott verehren. Dem Abbé fiel die Verwandtschaft mit dem heiligen Franziskus auf, und er wandte sich an Kazantzakis:

„Da siehst du es wieder, mein junger Freund, immer stößt man auf denselben Gott."...

Wir verabschiedeten uns von den Derwischen, sie gaben uns mit Verbeugungen und Lächeln das Geleit bis zum Hoftor. Auf der Schwelle sagte der Abbé:

„Sag ihnen bitte, dass wir alle denselben Gott verehren. Sag ihnen, auch ich sei ein Derwisch in schwarzer Soutane."

(a.a.O., S. 148–154).

Auf dem Grab des Schriftstellers auf einer Bastion der venezianischen Kasematten stehen, seinem Wunsch entsprechend, die Worte:

Ich hoffe nichts.
Ich fürchte nichts.

Ich bin frei.

Fast eine Generation jünger als Kazantzakis war der Dichter Odysseas Elytis (1911–1996). Er ist 1979 mit dem Nobelpreis für Literatur ausgezeichnet worden. Sein Hauptwerk *Axion estin – Es ist wahrhaftig* hat der Komponist und Musiker Mikis Theodorakis vertont. Theodorakis hat sich als Kreter gefühlt, obwohl er auf der Insel Chios geboren wurde. Seine Vorfahren stammten aus Kreta. Er hat auch die Musik zu der Romanverfilmung *Alexis Sorbas* komponiert. Elytis' Gedicht *Der letzte der Samstage* endet mit folgenden Zeilen:

> *Es bläst, es bläst, und die Welt wird kleiner, es bläst,*
> *es bläst, und die andere Welt wird größer. Der Tod das Meer,*
> *das blaue und grenzenlose.*
> *Der Tod – die Sonne ohne Untergang.*

1.13 Die Archäologen

1874 hatte Heinrich Schliemann mit Ausgrabungen in Mykene begonnen. Im Verlauf der Arbeit war er zu der Überzeugung gelangt, dass er die Hauptstadt des Reichs des Agamemnon gefunden habe. Ihm gebührt das Verdienst, die griechische Geschichte um die mykenische Epoche verlängert zu haben.

1894 kam Arthur Evans (1851–1941), ein klassisch gebildeter Gelehrter, nach Kreta. Er hatte in Oxford studiert und sich auf zahlreichen Reisen ein umfassendes Wissen angeeignet. Knossós war damals schon bekannt, auch der Begriff der Minoer. Italiener, Amerikaner und Franzosen hatten auf der Insel gegraben und geforscht. Evans hatte sich vorgenommen, das Geheimnis der Minoer zu lüften, und er tat es, indem er alle bekannten Mythen mit seinen Funden verknüpfte. Mit überquellender Phantasie rekonstruierte er, wie er glaubte, das Zentrum all der Geschichten von Minos, Daidalos, Pasiphaë, Minotauros, Theseus und Ariadne und hielt sie für historisch verbürgt. Er war davon überzeugt, eine Epoche des Glücks und Friedens wieder zum Leben erweckt zu haben. Er prägte den Begriff der *Pax Minoica*. Es ist sein Verdienst, die griechische Geschichte um die minoische Epoche verlängert zu haben. So kritisch die Fachleute seine Betonbauten auch beurteilen, so begeistert sind die Touristen.

Es hat lange gedauert, bis seine Nachfolger aus seinem Schatten getreten sind und die Entdeckungen wissenschaftlich zu interpretieren begannen. Ungeachtet aller Fortschritte bleiben die sechs Bände, die er 1921–1936 unter dem Titel *The Palace of Minos* veröffentlicht hat, ein bedeutendes Standardwerk. Evans gilt bis heute als der unbestrittene Nestor der minoischen Archäologie.

Zur gleichen Zeit wie in Knossós fanden Ausgrabungen in Zákros, Phaistós, Agía Triáda, Gourniá und an anderen Stätten statt. Die Forschungen werden bis heute sowohl von der griechischen Denkmalpflege als auch von ausländischen Instituten fortgeführt. Deutsche Archäologen sind an den Grabungen selbst nicht beteiligt, ihre Verdienste liegen in der wissenschaftlichen Deutung und Einordnung der Entdeckungen.

Es lohnt, immer wieder einmal nach Kreta zu reisen, weil die Archäologen immer wieder Neues ans Licht bringen und man jedes Mal etwas Neues sieht und lernt.

2. Kapitel

Die Dikti-Höhle: Die Geburt des Zeus

Stand bei den Minoern eine weibliche Vegetationsgöttin in höchsten Ehren, so war es bei den die Insel um 1450 v.Chr. erobernden Griechen, den Mykenern, ein Gott. Wie die Welt der Menschen war die Welt der Götter männlich dominiert. Die Mykener verehrten die Olympischen Götter.

Sie sind Götter, aber sie werden geboren und sehen aus wie wir Menschen: Sie sind anthropomorph. Vielleicht ist es aber auch umgekehrt: Die Götter gleichen nicht uns, sondern wir ihnen. Der Heros Prometheus soll die Menschen aus Himmelssamen, den er mit Wasser vermischte, nach dem Bild der alles lenkenden Götter geschaffen haben. (Ovid, Metamorphosen, 1, VV. 81–83). Ebenso hat der Gott des Alten Testaments die Menschen *als ein Bild, das uns gleich sei*, geschaffen. (Gen., 1, V. 26).

Zeus, den Homer den *Vater der Götter und Menschen* nennt, ist also geboren worden. Die einen sagen, er sei in Arkadien zur Welt gekommen und von Nymphen nach Kreta getragen worden, andere, er habe in Kreta das Licht der Welt erblickt. (Kallimachos, Hymnus auf Zeus, VV. 4–7). Kretische Inschriften und Münzen vereinnahmen ihn kurzer Hand als *Kretageborenen – kretagenés*. Da wir in Kreta sind, schließen wir uns dieser Version an.

Die Geburt des Zeus war jedoch keineswegs der Anfang, sondern im Gegenteil das Ende einer langen Geschichte. Hesiod erzählt sie uns, ein Grieche aus Böotien, der im 7. Jahrhundert v.Chr. gelebt hat. Er ist nach Homer der zweite bedeutende griechische Dichter. Er schreibt wie Homer ein Epos in Hexametern, sein Titel: *Theogonie – die Entstehung der Götter*, ein Lehrgedicht.

Aus dem Chaos war der Kosmos nicht, wie es im Alten Testament heißt, *geschaffen* worden, sondern *entstanden*: Zuerst die Erdgöttin Gaia, dann der Himmelsgott Uranos und ganz tief unter der Erde der Tartaros. Himmel, Erde und Unterwelt bildeten die Welt. Statt des einen Gottes des Alten Testaments gab es zwei Gottheiten, eine männliche und eine weibliche, Gaia und Uranos. Dem Monotheismus dort entsprach der Polytheismus hier. Am Anfang stand eine weibliche Gottheit. Gaia empfing von Uranos die Titanen und gebar sie. Da Uranos fürchtete, sie könnten ihm die Herrschaft streitig machen, barg er sie, kaum waren sie geboren, tief in der Erde. Nur einer, Kronos, entging dem Schicksal, und als einmal Uranos sich liebend über Gaia beugte, streckte er aus einem Versteck die Hand aus und entmannte den Vater mit einer Sichel. Er konnte ihn nicht töten, da er unsterblich war. So wurde der Frevel, den der Vater an seinen Söhnen begangen hatte, bestraft, allerdings mit einem neuen Frevel, der einem Vatermord entsprach. Der erforderte nun seinerseits eine Bestrafung und die vollzog Zeus.

Kronos hat etymologisch mit Chronos, der Personifikation der Zeit, nichts zu tun. Aber schon die Orphiker und später die Stoiker haben Kronos mit Chronos vermischt, dem kinderfressenden Gott der Zeit, die hervorbringt und zerstört.

Kronos wollte nicht anders als Uranos verhindern, dass seine Söhne eines Tages die Macht ergriffen, und deshalb verschlang er sie, sobald Rheia, eine Tochter des Uranos, sie ihm geboren hatte. Er hielt das für eine absolut sichere Methode, aber er irrte.

Vor der Geburt des Zeus wurde Rheia von ihren Eltern nach Kreta geschickt.

Rheia reichte, als Zeus geboren wurde, dem Kronos
einen Stein, der in Windeln gewickelt war, und
der ergriff ihn und verschlang ihn, der Frevler, ohne
zu bedenken, dass an Stelle des Steins sein Sohn am
Leben bleiben könnte, unbesiegt und ohne
Mitleid. Der sollte ihn schon bald bezwingen mit der
Kraft seiner Hände und ihn seiner Stellung berauben und herrschen
über die Götter. Schnell wuchsen die Kraft und die Glieder des Herrschers
Zeus. Und als die Zeit gekommen war, da spie der
tückische Kronos, den der kluge Ratschlag der Gaia
so getäuscht hatte, alle seine Kinder wieder
aus. Zuerst spie er den Stein aus, den er zuletzt an
Stelle seines jüngsten Sohnes verschlungen hatte. (VV. 485–497).

Den Stein hat Zeus dann, so erzählt der Mythos, zur ewigen Erinnerung an seine Geburtsgeschichte in Delphi aufgestellt. (Vgl. VV. 498–500).

Das Geschehen in der Welt der Götter vollzieht sich in der Abfolge von Frevel und Strafe. In der Welt der Menschen wird es nicht anders sein. In diesem Prinzip manifestiert sich die Gerechtigkeit, durch die die Welt ein für alle Mal als Kosmos, als Ordnung, etabliert ist.

Es ist beachtenswert, dass das Unrecht nicht wie in der Geschichte von Adam und Eva durch die Menschen in die Welt kommt, sondern durch die Götter.

Zeus gehörte durch seine wunderbare Rettung wie Moses, wie Jesus und wie Romulus in den Kreis der Auserwählten.

Wie es nach der Geburt weitergegangen ist, erfahren wir von Kallimachos, einem Dichter, der zur Zeit des Königs Ptolemaios II. (282–

246 v.Chr.) in Alexandria die berühmte Bibliothek des Musaion geleitet hat, in einem Hymnos auf den Gott.

Zeus, die Gefährtinnen der Korybanten trugen dich in den
Armen, die Diktäischen Nymphen; Adrasteia
wiegte dich in einer goldenen Wiege in den
Schlaf; du saugtest an dem strotzenden Euter der Ziege
Amaltheia und aßest den süßen Honig. Plötzlich
war er entstanden auf dem Idäischen Berg, geschaffen
von Panakris. *Der Berg heißt Panakra nach dieser Biene.*
Um dich tanzten die Kureten *den Waffentanz mit*
großem Eifer, die Waffen aneinander schlagend.
Kronos sollte das Dröhnen der Schilde hören und nicht das
Weinen des kleinen Kindes. Heimlich wuchst du heran, und
herrlich gediehst du, himmlischer Zeus, und plötzlich
warst du schon ein junger Mann, es wuchs dir schnell der
Bartflaum. Alles, was du ersannst, das war, obwohl du
noch ein kleines Kind warst, makellos vollendet. (VV. 46–57).

Zeus erfährt vielfachen Schutz: durch die Korybanten, die auch Kureten heißen, männliche Dämonen, und durch Nymphen, weibliche göttliche Wesen, die zwar nicht unsterblich sind, aber sehr lange leben dürfen. Adrasteia, seine Amme, ist eine von ihnen. Eine Ziege säugt ihn, eine Biene sorgt für die notwendige Nahrung. Er wächst schnell zum Mann heran, und was er denkt, ist frei von Irrtümern. Auch von Asklepios sagte man, dass er von einer Ziege gesäugt worden sei (Pausanias, 2, 26, 4), von Romulus und Remus, es sei eine Wölfin gewesen. (Plutarch, Romulus, Kap. 2). Die Natur steht im Dienst derer, die einmal groß, wichtig, bedeutend werden sollten.

Zeus begründete gemeinsam mit seinen befreiten Geschwistern und seinen zahlreichen Kindern, die er mit unsterblichen und sterblichen Frauen zeugte, eine beständige Herrschaft. Er besiegte die Titanen und die Giganten, die sie ihm streitig machen wollten. Er verwies sie in die Unterwelt, in der sie, da sie unsterblich sind, noch immer rumoren und sich in Erdbeben, Vulkanausbrüchen, Tsunamis bemerkbar machen.

Zeus ließ keinen Zweifel daran, dass er im Kreis der mit ihm herrschenden Verwandten der Herr war. Der Tragödiendichter Aischylos (525/24–456/55 v.Chr.) sah in ihm einen weisen, den Menschen zugewandten Weltenherrscher. In der 458 v.Chr. aufgeführten Tragödie *Agamemnon* preist ihn der Chor folgendermaßen:

Zeus, wer er auch ist, wenn
er so genannt werden will,
rufe ich ihn so an.
Ich kann ihm nichts vergleichen,

wenn ich alles abwäge,
außer Zeus. – Muss ich doch die vergebliche Last der Sorge
wahrhaft von mir werfen.
Von dem, der vorher groß war
und von kampfgewaltiger Macht strotzte,
spricht niemand mehr, dass er war.
Der dann entstand, erlag
dem Stärkeren und verschwand.
Wer Zeus aufrichtig als Sieger preist,
der wird Einsicht erlangen in allem.
Er führt die Menschen auf den Weg der
Einsicht; durch Leid lernen,
das bestimmte er zu gültiger Satzung.
Quält statt Schlaf das Herz
Kummer, der Leid weckt: Es lernt schließlich,
weise zu sein, selbst der, der sich wehrt.
Das ist die Gnade der Götter, mit fester Hand
halten sie das heilige Steuer. (VV. 160–183).

Von Uranos spricht niemand mehr, Kronos, der nach ihm kam, verschwand. Erst Zeus hat dann schließlich eine beständige und gerechte Herrschaft begründet. Er führt die Menschen zur Erkenntnis, freilich durch Leid. Er straft, und er straft streng. Er zeigt den Menschen ihre Grenzen auf, bewahrt sie vor Hybris, vor der Grenzüberschreitung. Auch die Begegnung mit fremdem Leid, wie sie der Zuschauer in der Tragödie erfährt, kann und soll zur Einsicht führen.

Ein ganz ähnlicher Gedanke wird im Buch Judit des Alten Testaments zum Ausdruck gebracht: *Der Herr züchtigt seine Freunde, um sie zur Einsicht zu bringen.* (8, 27; Einheitsübersetzung, 2016; 2. Jh. v.Chr.). Das ist freilich nicht Gottes letztes Wort. Die Christen dürfen auf seine vergebende Gnade vertrauen.

Der 2148 m hohe Dikti-Berg begrenzt die auf einer Höhe von 850 m gelegene Lassithi-Hochebene im Süden. Sie ist ca. 10 km lang und 5 km breit und sehr fruchtbar. Tausende von Windmühlen transportierten in der regenarmen Zeit das Grundwasser auf die Felder, inzwischen sind sie von elektrisch betriebenen Pumpen ersetzt worden.

Die Ebene war seit dem Neolithikum ununterbrochen bewohnt. Sie diente oft als ein Rückzugsgebiet für die Einheimischen, die von hier aus ihren Widerstand gegen die Invasoren organisierten. Aus diesem Grund vertrieben die Venezianer 1263 n.Chr. alle Bewohner. Neues Leben erwachte erst wieder, als griechische Flüchtlinge aus der von den Türken 1463 eroberten Peloponnes sich hier ansiedelten. In der Zeit der Türkenherrschaft war die Ebene wiederum ein Zentrum des Kampfes gegen die fremden Besatzer, die das Gebiet 1866 vollständig verwüsteten.

Die Höhle, in die man 60 m hinabsteigt, war seit der neolithischen Zeit bis ca. 800 v.Chr. eine Kultstätte, in der eine Fruchtbarkeitsgöttin mit einem Sohn verehrt wurde, der im Kindesalter war. Dieser Sohn verschmolz später mit Zeus und war wohl der Anlass für die Geschichte des *kretischen Zeus*, der die Natur symbolisierte und mit ihr starb und wiedergeboren wurde. Man hat eine Fülle von Votivgaben ans Licht geholt.

Der englische Schriftsteller Barry Unsworth (geb. 1930) beschreibt die Geschichte der ersten Funde im ersten Frühjahr 1899 unter Leitung von D.G. Hogarth, dem damaligen Direktor der Britischen Schule in Athen:

> *Und dann kam die wundersame Entdeckung: Als einer der Arbeiter seine Kerze im schmalen Spalt eines Stalaktiten abstellte, fiel ihm ein metallisches Glitzern auf – in dem Spalt steckte eine Klinge. Sie entpuppte sich als ein Bronzemesser mykenischer Herkunft. Ausgeschlossen, dass es zufällig dorthin gelangt war. Jemand musste es in ferner Vergangenheit als Opfergabe für eine Gottheit hier zurückgelassen haben.*
>
> *Angespornt von diesem Fund, suchte der Trupp die Spalten der uralten Kalksteinsäulen ab, die vor Feuchtigkeit im Kerzenschein glänzten. In den folgenden Tagen stießen sie auf Hunderte von Gegenständen: Messer, Gürtelschnallen, Nadeln, Ringe, winzige kleine doppelschneidige Äxte, die gläubige Menschen vor etwa viertausend Jahren in dieser Furcht einflößenden Tiefe in die Spalten der Stalaktiten gelegt hatten.*
>
> (a.a.O., S. 95/96).

Das Privileg, Geburtsgrotte des Zeus zu sein, behauptet die Dikti-Höhle nicht unbestritten für sich. Eine Konkurrentin ist die Idäische Höhle, die auch Kamares-Höhle heißt, am Psiloritis- oder Idi-Gebirge. Schon in der Antike hat man sich auf einen Kompromiss geeinigt: In der ersten ist Zeus geboren, in der zweiten aufgewachsen. (Diodór, 5, 70). Auch in dieser zweiten Höhle ist eine Fruchtbarkeitsgöttin verehrt worden. Funde von Schilden weisen auf einen orgiastischen Kult hin, wie er in dem Mythos von den Waffentänzen der Kureten geschildert wird.

Die Idäische Höhle soll der Ort gewesen sein, an dem sich der Zeussohn Minos alle neun Jahre mit seinem Vater getroffen hat, um mit ihm Gespräche über die Tugend zu führen. Dank der väterlich-göttlichen Belehrung habe er den Kretern Gesetze geben können, mit denen er sie für alle Zeiten glücklich gemacht habe. (Homer, Od., 19, VV. 178/79; Ps.-Platon, Minos, 318 dff.).

Lasithi-Hochebene mit Windmühlen

Geburtshöhle des Zeus

Als wenn es nicht schon genug wäre, wird noch eine dritte Höhle in den Rang der Geburtsstätte des Zeus erhoben. Sie liegt bei dem Dorf Archalochori, 33 km südöstlich von Iraklion. Sie diente schon seit der Mitte des 3. Jahrtausends v.Chr. dem Kult eines Kriegsgottes, wie man aus den Funden von Schwertern und Votiväxten schließen kann. Berühmt ist eine bronzene Doppelaxt mit noch nicht entzifferten Schriftzeichen, die an Hieroglyphen und an die Linear A-Schrift erinnern. Sie wird auf die Zeit um 1700 v.Chr. datiert. Man kann sie in dem archäologischen Museum in Iraklion besichtigen.

Unser Bericht über Zeus wäre nicht vollständig, wenn wir nicht erwähnten, dass der neuplatonische Philosoph Porphyrios aus der phönizischen Stadt Tyros (234–ca. 303 n.Chr.) berichtet, der berühmte Pythagoras habe im 7. Jahrhundert auf dem Berg Jouchta das Grab des Zeus gesehen, und er habe dort eine Tafel angebracht mit einer Inschrift folgenden Inhalts: *Hier liegt Zan, nachdem er gestorben ist. Man nennt ihn Zeus.* (Vita des Pythagoras, Kap. 17). Da trifft es sich gut, dass der langgestreckte Bergrücken mit seinen zwei Gipfeln, der sich ca. 20 km südlich von Iraklion zu einer Höhe von 811 m erhebt, von ferne wie ein liegender bärtiger alter Mann erscheint. Je nachdem, ob man an den Tod des Zeus glaubt oder nicht, nennt man ihn *den toten* oder *den schlafenden Zeus*. Wir wollen annehmen, dass man den Sohn der Vegetationsgöttin, den *Kretischen Zeus*, nicht mehr hat auferstehen lassen, als man ihn mit dem indogermanischen Wettergott, dem unsterblichen Zeus, identifiziert hat. Oder wollen wir uns Erhart Kästner (1904–1974) anschließen, der in seinem lesenswerten Buch über Kreta schreibt:

> *Vielleicht war es zuvor ein uralter Gott in dunkelsten Zeiten, der hier starb, wie Dionysos stirbt, von Titanen zerrissen, oder wie Christus stirbt und alles, was wahrhaft lebt, stirbt und vom Tode wiedergeboren wird zu höherem Leben.* (a.a.O., S. 148).

3. Kapitel

Die Platane von Gortyn: Die Europa und das Europa

Inhaltsverzeichnis

3.1 Vom Brautraub zum Brautbett

> *Wenn man vom Meer her kommt, liegen in der sonnendurchzitterten Messará-Ebene zuerst Agía Triáda und Phaistós, minoische Ausgrabungsstätten, und dann, drei Stunden weiter zu Fuß, die Ruinen der griechisch-römischen Stadt Gortyn.*

So beginnt das Kapitel über Gortyn (neugriechisch Gortys) in Erhart Kästners Kretabuch (S. 35). Die von Bergen umgebene Ebene war in der Antike die Kornkammer Kretas und sie ist auch heute noch ertragreich.

In Gortyn steht etwa 100 m nördlich des römischen Odeons eine berühmte denkmalgeschützte Platane, deren Blättern Wunderkraft zugeschrieben wird. Es ist eine endemische Art mit der Besonderheit, dass sie ihre Blätter nicht verliert. Freilich war es nicht dieser Baum, sondern einer seiner Vorfahren, unter dem sich, so erzählt es der Mythos und so berichtet es der römische Schriftsteller C. Plinius der Ältere in seiner *Naturgeschichte* (12, 11), Zeus einst mit der aus Phönizien geraubten Königstochter Europa vereinigt hat.

Schon der Iliasdichter Homer (um 700 v.Chr.) kannte die Geschichte. (14, VV. 321/322). Eine ausführliche Fassung überliefert uns aber erst ein Dichter, der im 2. Jahrhundert v.Chr. gelebt hat: Moschos. Er soll in Syrakus geboren worden sein, sonst wissen wir nichts aus seinem Leben. Er hat ein kleines Epos verfasst, dessen Quellen wir nicht kennen, das aber bis weit in die Spätantike bekannt war.

Die Platane von Gortyn

Kypris schickte einmal der Europa einen süßen Traum. Es war im dritten Teil der Nacht, schon war die Morgenröte nah. Da senkt sich gewöhnlich der Schlaf, der süßer noch ist als Honig, gliederlösend auf die Lider und fesselt die Augen mit zarten Banden, und ein Schwarm untrüglicher Träume übernimmt die Herrschaft. Oben im Palast in ihrem Zimmer lag in tiefem Schlaf die jungfräuliche Europa, des Phoinix Tochter. Sie träumte, dass sich zwei Erdteile um sie stritten: Asien war der eine, der andere liegt gegenüber. In der Gestalt von Frauen traten beide auf, die eine wie eine Fremde, die zweite, als sei sie aus dem eigenen Land. Und diese klammerte sich an die Fremde so, als sei sie ihre Tochter, und sagte, sie habe sie geboren und aufgezogen. Die Fremde aber zog sie, ohne dass sie sich wehrte, gewaltsam mit ihren Armen zu sich und sagte, als Ehrengabe habe ihr der aigishaltende Zeus die Europa versprochen. Ängstlich und mit pochendem Herzen schnellte das Mädchen von ihrem Lager hoch, der Traum erschien ihr als Wahrheit. Lange saß sie schweigend da, noch immer sah sie beide Frauen vor ihren weit geöffneten Augen. Endlich ließ sie ihre ängstliche Stimme vernehmen: „Welcher Gottheit verdanke ich solche Traumgebilde? Welche Träume waren es, die mich erschreckten, als ich noch in meinem Bett im Schlafgemach in süßem Schlummer lag? Wer war die Fremde, die ich träumend sah? Wie ergriff mein Herz die Liebessehnsucht, wie freundlich hat die Frau mich aufgenommen und mich als ihr Kind betrachtet? Mögen die Seligen mir den Traum zum Guten wenden." Nach diesen Worten sprang sie auf und suchte ihre Gefährtinnen, Mädchen in gleichem Alter und von edler Herkunft, die sie gern hatte und mit denen sie immer die Freude teilte, wenn sie sich schmückte, um zu tanzen, und wenn sie an der Mündung des Flusses badete oder wenn sie auf der Wiese Blumen pflückte, Lilien, die so gut duften. Sie fand sie sogleich, und jede hatte einen Blumenkorb in der Hand. Sie gingen zu den Wiesen nahe am Meer. Dort trafen sie sich immer und erfreuten sich an den Rosen und am Meeresrauschen. Europas Korb war golden, herrlich anzuschauen, ein schönes Werk des Hephaistos. … Als sie zu den blumenreichen Wiesen kamen, freuten sie sich an den Blumen, nicht alle an denselben: Diese pflückte die Narzisse, die so gut duftet, jene die Hyazinthe, die dritte ein Veilchen, die vierte Thymian. Viele Blumen hatte der Frühling auf der Wiese sprießen lassen. Andere pflückten um die Wette duftende Blüten des gelben Safrans. Mitten unter ihnen sammelte ihre Herrin Rosen, prächtige, purpurfarbene, und sie ragte hervor, wie Aphrodite hervorragt unter den Chariten. Lange sollte sie sich nicht an den Blumen erfreuen und den Gürtel der Jungfrau unbefleckt bewahren. Kaum nämlich hatte der Kronide sie gesehen, war er erregt in seinem Herzen. Unversehens hatten ihn die Geschosse der Kypris getroffen. Kypris ist als einzige in der Lage, selbst Zeus zu besiegen. Um nicht den Zorn der eifersüchtigen Hera zu reizen und zugleich den zarten Sinn des Mädchens zu täuschen, änderte Zeus die Gestalt, verbarg den Gott und ist ein Stier geworden, nicht so einer, der in Ställen aufgezogen wird, und nicht so einer, der den gut gebogenen Pflug zieht und die Erde durchfurcht, nicht einer, der mit der Herde weidet, und nicht einer, der, ins Joch gezwungen, einen beladenen Wagen ziehen muss; sein Körper schimmerte vielmehr goldbraun, mitten auf seiner Stirn erstrahlte ein silberner Kreis, die Augen darunter funkelten, und aus ihnen blitzten Liebe begehrende Blicke; zwei gleiche Hörner wuchsen auf der Stirn, halbrund gebogen wie der Halbkreis des gehörnten Mondes. Er betrat die Wiese, ohne dass die Mädchen erschraken. Sie wollten sich dem liebenswerten Tier sogar gern nähern, es streicheln, dessen göttlicher Duft den süßen Geruch der Wiese so übertraf, dass man ihn schon von weitem bemerkte. Vor den Füßen der edlen Europa blieb es stehen, leckte ihren Hals, betörte das junge Mädchen. Sie betastete es ringsum und wischte ihm sanft mit ihren Händen den vielen Schaum vom Maul und gab dem Stier einen Kuss. Der muhte freundlich. Man hätte meinen können, den lieblichen Ton der Mygdonischen Flöte zu hören. Vor ihren Füßen kniete er nieder, blickte sie an, er wandte den Nacken ihr zu und wies auf seinen breiten Rücken. Da sprach sie zu den schön gelockten Mädchen: „Hierher, Mädchen, ihr lieben Altersgenossinnen, dass wir

uns auf diesen Stierrücken setzen und Spaß haben. Denn er
hat seinen Rücken niedergebeugt, damit er uns alle
aufnimmt. Schaut ihn doch an, wie rechtschaffen, sanft und
zahm er
ist; er ist ganz anders als die anderen Stiere,
wie ein Mensch verständig, nur die Sprache fehlt ihm."
Sprach es und setzte sich lächelnd auf den Rücken des Stieres.
Als die anderen es ihr nachmachen wollten, sprang er
auf, das Mädchen, das er begehrte, war nun seine
Beute. Er eilte in schnellem Lauf zum Meer. Europa
wandte sich um und streckte die Hände aus und rief die
Freundinnen, aber vergeblich, sie konnten sie nicht mehr erreichen.
Er überquerte die Küste, lief weiter und schritt auf den breiten
Wogen wie ein Delphin mit unbenetzten Hufen.
Unter seinen Hufen glätteten sich die Wogen.
Rings um die Füße des Zeus tummelten sich die Tiere.
Freudig sprang der Delphin aus der Tiefe über das Wasser,
Nereïden tauchten empor und wurden, auf den
Rücken von Meerestieren sitzend, vorwärts getragen.
Er, der mit lautem Donner die Erde erschüttert, Poseidon,
ebnete, über der Salzflut thronend, selbst die Wellen,
und er war seinem Bruder ein sicherer Führer auf dem
salzigen Pfad. Es scharten sich um ihn Tritonen, die lauten
Bläser des Meeres, die mit den langen Muschelhörnern
eine Hochzeitsweise spielten. Sie, die auf dem
Rücken des Zeus-Stieres saß, Europa, hielt sich mit der
einen Hand an dem langen Horn des Tieres fest, und
mit der anderen raffte sie die Falten ihres
purpurnen Kleids, damit es nicht in das unendlich
große Wasser des grauen Meeres taucht und nass wird.
An den Schultern bauschte sich das weite Gewand des
Mädchens auf wie ein Segel und hob sie in die Höhe.
Als sie weit von ihrem Vaterland entfernt war
und sich weder eine vom Meer umbrauste Küste
zeigte noch ein hohes Gebirge, über ihr nur
Luft und unter ihr das unendliche Meer, da ließ sie
ihre Blicke ringsum schweifen und brach das Schweigen.
„Stiergott, wohin entführst du mich? Wer bist du? Wie kannst du
auf für Rinder schwierigen Wegen gehen und das
Meer nicht fürchten? Für schnelle Schiffe ist es befahrbar,
Stiere schrecken gewöhnlich zurück vor den salzigen Pfaden.
Welchen süßen Trank, welche Speise kann dir die Salzflut
bieten? Bist du ein Gott? Was du tust, tun nur die Götter.

Der Raub der Europa
Terrakottagruppe aus Athen um 470 v.Chr.

Die Delphine leben im Meer, sie laufen nicht auf dem
Land und Stiere nicht auf dem Wasser, furchtlos eilst du
durch das Land wie das Meer, die Hufe dienen als Ruder.
Ob du dich wohl auch in den hellen Äther erheben
wirst, um dort zu fliegen wie die schnellen Vögel?
Weh mir, ich Arme, die ich in tiefes Unglück gestürzt bin,
die ich das Haus meines Vaters verließ und diesem Stier hier
folgte, um eine Fahrt in die Fremde zu unternehmen
und allein dahingetragen zu werden. Gebieter
du des grauen Wassers, Erderschütterer, hilf mir
gnädig. Ich meine, in dir den Lenker zu sehen, der mich
auf der Fahrt geleitet. Denn man kann nicht ohne
göttliche Hilfe über das Meer getragen werden.“
Da gab der schön gehörnte Stier ihr folgende Antwort:
„Mädchen, sei mutig und fürchte nicht die Meereswoge.
Ich bin Zeus, auch wenn ich ein Stier zu sein scheine. Wie ich
will, so kann ich mich zeigen. Mich hat die Liebe und die
Sehnsucht nach dir dazu getrieben, als Stier die große
Meeresfläche zu durchmessen. Kreta wird dich
nun empfangen, die Insel, die auch mich einst aufzog.
Dort wird deine Hochzeit gefeiert werden. Berühmte
Söhne wirst du mir schenken, Herrscher über die Menschen.“
Was er versprach, ist alles in Erfüllung gegangen.
Da wurde Kreta sichtbar, Zeus wurde wieder ein Gott, er
löste ihren Gürtel, die Horen besorgten das Lager.
Sie aber, eben noch ein Mädchen, wurde sogleich die
Braut des Zeus, gebar ihm Kinder und wurde Mutter.
(VV. 1–38; 63–166).

Die Geschichte, die Moschos erzählt, handelt nicht von der ungebändigten Gier eines Gottes und der Vergewaltigung seines Opfers, sondern von der gegenseitigen Liebe eines Mannes und eines jungen Mädchens.

Sie beginnt mit einem Traum: Europa träumt, wie die Phaiakentochter Nausikaa in Homers *Odyssee* träumt. (6, VV. 25–40). Ist es dort die Göttin Athena, die das Geschehen lenkt, so ist es hier die Liebesgöttin Aphrodite, die *Kypris* heißt, weil sie auf Zypern (griechisch: *Kypros*) große Verehrung genoss. Sie schickt Europa den Traum und sie entfacht die Liebe in Zeus. Liebessehnsucht fühlt die träumende Europa, Liebessehnsucht erfüllt den Göttervater.

Es ist kein gewöhnlicher Stier, in den Zeus sich verwandelt. Moschos verwendet viele Verse darauf, zu beschreiben, wie sehr er sich von den anderen Tieren seiner Art unterscheidet, ohne dass er doch eine anschauliche Vorstellung davon vermittelt, wie er wirklich ausgesehen hat. Wichtig sind ihm die inneren Werte, seine rechtmäßige Gesinnung, seine

Freundlichkeit, fast möchte man sagen: seine Menschlichkeit. Der Gott hat seine Göttlichkeit in der Verwandlung nicht aufgegeben, sondern nur verborgen. Kein Wunder, dass Europa sich ihm anvertraut. Hatte sie doch schon im Traum Liebesverlangen empfunden.

Es folgt der Ritt über das Meer, der einem Hochzeitszug gleicht, ja, es ertönt sogar eine Hochzeitsmelodie. Später werden die Horen das Hochzeitslager bereiten, die das Wachstum und die Schönheit der Natur verkörpern. Im Mythos sind sie es, die Aphrodite bekleiden und bekränzen, als sie vor der Küste Zyperns aus dem Meer steigt.

Europa ist darüber, dass der Stier über das Meer trabt, eher verwundert als erschrocken. Noch bevor Zeus sich zu erkennen gibt, hat sie fast schon selbst des Rätsels Lösung gefunden. Sie denkt nicht an Rückkehr, sie möchte wohlbehalten das ihr unbekannte Ziel erreichen.

Auf der Insel Kreta endet die Reise, dort, wo Zeus geboren und aufgewachsen ist, in seiner Heimat. In Mátala sollen die beiden an Land gegangen sein.

Am Schluss geht es ganz menschlich zu. Dass Zeus ein Mensch und Mann wird, scheint Europa nicht zu überraschen. Sie wird seine Braut und sie wird die Mutter seiner drei Söhne. Zeus hat kein kurzes Liebesabenteuer gesucht. Das unterscheidet Europa von den vielen anderen Geliebten des Gottes.

Die Frage, ob Zeus seine Ehefrau Hera betrogen hat, wie ein Vers (77) glauben machen will, lassen wir offen. Es gibt Gründe, den Vers als eine spätere Interpolation zu betrachten. Und in der Tat: Hätte der Gestaltwandel Hera wirklich getäuscht?

Es lohnt sich, das Gedicht des hellenistischen, sonst weniger bekannten Dichters nicht nur wegen des Inhalts zu lesen, sondern sich auch an der kunstvollen Gestaltung zu erfreuen.

Apollonios Rhodios, der im 3. Jahrhundert v.Chr. gelebt hat, weiß in seinem Epos *Argonautika* zu berichten, dass Zeus seiner Verantwortung für Europa gerecht geworden ist.

> *Talos hatte der Kronide der Europa*
> *als einen Wächter der Insel gegeben. Dreimal lief er*
> *rings um die ganze Insel mit seinen ehernen Füßen.*
> (4, 1643/1644).

Er hat das sicher in nicht allzu großen Abständen getan. Leider war er nicht unsterblich. Die Argonauten, die kühnen Männer, die sich in Thessalien auf den Weg gemacht hatten, um im fernen Kolchis das goldene Vlies zu holen, kannten eine verwundbare Stelle des erzenen Mannes und setzten seinem Leben ein Ende.

Wer sich mit Talos nicht begnügen möchte, befindet sich in guter Gesellschaft. Einer antiken Überlieferung der römischen Kaiserzeit zufolge hat Zeus seiner Geliebten einen Ersatzmann besorgt, Asterion, einen kretischen König.

Der Name *Europa* wird von dem Semitischen *ereb – Abend* abgeleitet oder als *weithin Schallende* oder *weithin Blickende* (griechisch *eurys –weit*, *ops – die Stimme*, St. *op – sehen*, vgl. Optik) gedeutet.

Vielleicht war sie ursprünglich eine Göttin. Auf hethitischen Siegelzylindern ist das Bild einer nackten Göttin dargestellt, die, ein Tuch haltend, auf einem Stier sitzt.

Und der Stier? Er ist in vielerlei religiösen Ritualen und Mythen präsent: Denken wir an den kretischen Stierkult, an den Minotauros, an den kretischen Stier, den Herakles lebendig fängt und in die Argolis bringt, an Mithras, der einen Stier tötet, aus dem neues Leben erwächst. In Ägypten wurde der Gott Apis in der Gestalt eines Stieres verehrt. Im ältesten assyrischen Gebetbuch wird der Eid *beim Stiergott, dem Sohn des Sonnengottes geleistet*. Das Kulttier des im Alten Orient vielerorts verehrten Gottes Baal ist der Stier. Schließlich war gerade der Stier das bevorzugte Opfertier, mit dem man die Gottheit erfreute und die Menschen ernährte. Er verkörperte das Göttliche, die Macht, die Kraft, auch das Wilde und Bedrohliche und zugleich die Fruchtbarkeit.

Es war kein gewöhnliches Tier, in das sich Zeus verwandelt hat.

Vielleicht symbolisierte die auf dem Stier vom Orient in den Okzident reitende Europa den Transfer einer Gottheit, vielleicht auch den Transfer der Kultur des Ostens in den Westen. Von den Phöniziern haben die Griechen das Alphabet übernommen, die Griechen haben es den Römern vermittelt und die Römer allen Völkern der westlichen Welt.

Der bekannte Altphilologe, Rhetorikprofessor und Schriftsteller Walter Jens (1923–2013) kommt in seinem Bericht über eine Griechenlandreise auch auf Europa zu sprechen. Er erblickt am Himmel das Sternbild des Stieres. Es gab eine Überlieferung, der zufolge sich Zeus nicht in einen Stier verwandelt, sondern einen Stier geschickt habe, Europa zu holen. Dieser Stier sei, als er seinen Auftrag erfüllt hatte, als Sternbild an den Himmel versetzt worden:

> *Die Reise der schönen Europa, in Kreta begonnen, war weit und beschwerlich. Vom Ida-Gebirge kam sie, zu Perikles' Zeit, nach Athen – sah jemand empor, als sich die Sterne vom Himmel befreiten und wie Mückenschwärme am Abend ziellos durcheinanderwirbelten? Durchschaute ein kühner Gedanke die Ordnung des Bildes?*
> *Spitz und gleißend traten zwei Hörner hervor, Hufe flammten auf, ein gestirnter Nacken, auf dem, durch flammende Punkte in ihren Konturen umrissen, eine Frau saß: Wie ein Komet durchschritt Europa den* Weltraum, *eine Reiterin inmitten der nächtlichen Steppe. Über die Adria flog sie hinüber nach Rom,*

in den Zirkus, zum Kreuz des heiligen Petrus, und weiter – die Mönche feiern die Mitternachtsmesse – zum Monte Cassino, ans Sterbelager Friedrichs II., zu Leonardo an der Loire, nach Basel in Johannes Frobens Druckerei.

(a.a.O., S. 165/66).

Der Mythos der Europa ist den Menschen der Antike nicht nur in der Literatur, sondern vor allem in zahlreichen Darstellungen auf Vasen, Wandbildern, Mosaiken begegnet. Wir wissen nicht, welche Vorstellungen sie mit ihm verknüpft haben. Haben sie die Geschichte mit dem Tod assoziiert, mit dem Abschied vom Leben und einem Neubeginn in einer anderen Welt? Haben sie aus der Erhebung des Mädchens zur Gottesbraut auch für sich selbst Hoffnung auf ein glückliches Leben im Jenseits geschöpft?

3.2 Die Europa und das Europa

Moschos verbindet zwar in seiner Erzählung zwei Kontinente mit der Geschichte der Königstochter, aber dass Europa die Namensgeberin des Asien *gegenüberliegenden Kontinents* geworden sei, hat er zwar wohl gemeint, aber nicht gesagt.

Die erste Überlegung zu der Frage nach dem Namen unseres Kontinents stellt der griechische Historiker Herodot (ca. 485–ca. 425 v.Chr.) an:

Von Europa weiß niemand, ob es vom Meer umflossen ist. Es ist auch nicht bekannt, woher dieser Namen stammt und wer ihn gegeben hat, wenn wir nicht behaupten wollen, dass das Land von der Tyrerin Europa seinen Namen erhalten hat. Vorher war es namenlos wie auch die anderen Erdteile. Aber Europa stammt offensichtlich aus Asien, und sie ist nie in dieses Land gekommen, das die Griechen jetzt Europa nennen; ihr Weg hat sie vielmehr von Phönizien nur nach Kreta und von Kreta nach Lykien *geführt.*

Soviel sei darüber gesagt. Wir verwenden die überlieferten Namen.

(4, 45, 4/5).

Die Perser, berichtet Herodot an einer anderen Stelle, erzählten, Griechen, vermutlich Kreter, hätten Europa aus Tyros in Phönikien entführt. (1, 2, 1).

Der Historiker kennt die Überlieferung, dass der Kontinent Europa seinen Namen der phönikischen Königstochter verdanke, er hält sie aber für wenig überzeugend, und das zu Recht.

Der römische Dichter Horaz (65–8 v.Chr.) prophezeit in einer Ode, dass einmal die halbe Welt den Namen der phönizischen Königstochter tragen werde. (c.3, 27, VV. 75/76). Darüber, ob es zwei oder – mit Libyen, d.h. Afrika – drei Erdteile gebe, war man sich in der Antike nicht einig. Nicht lange danach lässt ein anderer römischer Dichter, Ovid (43 v.Chr. bis 17/18 n.Chr.), den Göttervater Jupiter der Europa verheißen, der dritte Erdteil werde dereinst ihren Namen tragen. (Fasten, 5, V. 618).

Obwohl damit die Identifikation von Mädchen und Erdteil vollzogen ist, bleiben sich beide nach wie vor fremd. Europa spielt im römischen Reich als geographischer Begriff keine Rolle.

Das beginnt sich zu ändern, als im 8. Jahrhundert n.Chr. die *Europienses* sich den andersgläubigen, aus Spanien vordringenden Mauren entgegenstellen (732 Schlacht bei Tours und Poitiers). Aber erst im 17. Jahrhundert vollzieht sich eine Symbiose zwischen der Europa und dem Europa. Die Phönizierin auf dem Stier wird zum Symbol eines einheitlichen christlichen und den anderen Erdteilen kulturell überlegenen Erdteils. Zunehmend bemächtigen sich die Politiker dieses Bildes und mit ihnen die Karikaturisten.

Europa auf dem Stier ziert die griechische 2-Euro-Münze, Europas Kopf den 5- und den 10-Euro-Schein. Das Vorbild für die Münze ist die Darstellung auf einer apulischen Vase, die auf ca. 360 v.Chr. datiert wird und sich im Louvre befindet, das Vorbild für die Scheine ist ein römisches Mosaik des 3. Jahrhunderts n.Chr., das man in Sparta gefunden hat.

Literatur

Winfried Bühler: Die Europa des Moschos, Text, Übersetzung und Kommentar, Wiesbaden (Steiner), 1960

Angelika Dietrichs: „Von Europa aber weiß kein Mensch ...“. Antike Darstellungen der personifizierten Europa aus Griechenland und Italien, in: Antike Welt 6/1995, S. 415–436

Walter Jens: Zur Antike, München (Kindler), 1978

Konrad Heldmann: Europa und der Stier oder der Brautraub des Zeus. Die Entführung Europas in den Darstellungen der griechischen und römischen Antike, Göttingen (Vandenhoeck & Ruprecht), 2016

Erhart Kästner: Kreta, Frankfurt/Main (Insel Verlag), 1975

Friedrich Maier: Quo vadis, Europa? Mythos – Begriff – Idee, Bamberg (Buchner), 1990

ders.: Das Europa-Symbol. Wie das Europa und die Europa zusammengefunden haben, in: Forum Classicum 2/2013, S. 130–138

Almut-Barbara Renger (Hrsgin): Mythos Europa, Texte von Ovid bis Heiner Müller, Leipzig (Reclam), 2003

Wolfgang Schadewaldt: Griechische Sternsagen, Frankfurt/Main (Fischer), 1956

4. Kapitel

Knossós

Inhaltsverzeichnis

4.1 Über die herrliche Welt, die verschwunden ist.

Nikos Kazantzakis über Knossós

Mit solch kämpferischer Pflichtgesinnung schrieb ich im Frieden des Elternhauses, indem ich mich bemühte, Teil am ewigen Kampf zu nehmen. Doch manchmal ließ ich Papier und Tinte liegen und machte mich auf den Weg, der zwischen Ölbäumen und Weinfeldern nach Knossós führt. Als dieses unerwartete Wunder aus der kretischen Erde freigelegt wurde und ich die Steintreppen, die Säulen, die Höfe, die Wandgemälde zum ersten Mal erblickte, ergriffen mich unsagbare Freude und Traurigkeit über diese herrliche Welt, die verschwunden ist, über das Schicksal jeder menschlichen Leistung, einen blitzartigen Augenblick im Licht zu verharren und dann im Chaos ewig zu versinken. Je mehr der königliche Palast wieder aufgerichtet wurde und im Licht der kretischen Sonne wieder auferstand und an den halbverfallenen Wänden die Stierkämpfe und die Frauen mit den aufrechten, entblößten Brüsten, den geschminkten Lippen und den wogenden, krausen Zöpfen lebendig wurden, erhob sich vor mir ein jüngstes Gericht, und stiegen aus der Erde uralte, schweigsame, lachende, durchtriebene Ahnen und Ahninnen auf in Kleidern, auf denen die Sterne des Himmels und des Meeres und die Blumen der Erde gestickt waren; und sie ließen um ihre Arme die giftigen Schlangen Gottes spielen ...

Ich sah den Mann, die Frau mit schlanker Taille, freudig, biegsam, mit dem Stier auf den steinernen Tennen spielen, ich sah die Löwin friedlich zwischen den Lilien schlafen und rang, um ihren heimlichen Sinn zu entdecken – woher diese Tapferkeit und Freude kamen und was zu wem die nackten, triumphierenden Arme der Frau mit den umwundenen schwarzen Schlangen beteten. Dieser unbezwingbare Lebensdurst, dieses heldische, furchtlose Lächeln vor der Gefahr und dem Tode, erweckte in mir tödliche, von den Vorfahren überlieferte Tapferkeitsausbrüche und langersehnte Begegnungen mit dem Tod. Als hätten sich der Stier und der Mensch, der Tod und die Seele versöhnt, und sie spielten eine Stunde lang, solange das Licht der Sonne währte, beide nackt, mit wohlriechendem Öl gesalbt, beide wie Athleten. „Hier", dachte ich mit Verwirrung, „hier, in dem furchtbaren Augenblick, in dem der Kreter den Abgrund erblickt, steckt das Geheimnis Kretas; das muss ich herausfinden."

(a.a.O., S. 118/119).

4.2 Die Geschichte

Seit dem 5. Jahrtausend v.Chr. war die Gegend besiedelt. Um 2100 v.Chr. wurde der erste sog. Palast erbaut. Tatsächlich handelte es sich um ein Verwaltungszentrum Es entwickelte sich zu dem größten seiner Art auf der Insel. Es bestanden Handelsbeziehungen zu Kleinasien, Ägypten und zu den Kykladen. Ca. 1700 v.Chr. ereignete sich eine Katastrophe, vermutlich ein Erdbeben; der gesamte Komplex wurde zerstört.

Wir sprechen, der Tradition folgend, von Palästen, obwohl wir wissen, dass das nicht korrekt ist.

Sehr bald wurde der Palast durch ein neues größeres und prächtigeres Gebäude ersetzt. Es begann die Glanzzeit, die mit der Herrschaft des Königs Minos assoziiert wird. Es ist dieses zweite Bauwerk, das man heute besichtigen kann. Die Mykener, die um 1450 v.Chr. die Insel eroberten, nannten den Komplex Labyrinth. Möglicherweise ist der Name von dem lydischen Wort für Doppelaxt, *labrys*, abgeleitet und bedeutet *Haus der Doppeläxte*. Dazu würde passen, dass das Zeichen, das als Doppelaxt gedeutet wird, vielfach als Skulptur auf den Mauern und als Ritzzeichnung auf Gegenständen und Wänden des Palastes erscheint.

Wohl unter dem Einfluss des Mythos von dem Minotauros deutete man später das Labyrinth mit seinen vielfach gewundenen Wegen als das Gefängnis des Ungeheuers.

Der hellenistische Dichter Kallimachos (3. Jahrhundert v.Chr.) spricht in seinem *Hymnos auf die Insel Delos* von dem *gewundenen Bau des verdrehten Labyrinths.* (V. 311).

Daidalos gilt als sein Erbauer.

Um 1450 v.Chr. wurde auch dieser zweite Palast zerstört, wohl von den Mykenern, die, von der Peloponnes kommend, die Insel besetzten. Der Palast wurde weiter genutzt, bis er um 1400 v.Chr. endgültig dem Erdboden gleichgemacht wurde. Die Gegend blieb besiedelt, der Betrieb in den Hafenanlagen wurde aufrechterhalten.

Seit dem 11. Jahrhundert v.Chr. wanderten die Dorer ein. Es entstand eine kleine Siedlung, die sich im Lauf der Zeit zu einer mächtigen Polis entwickelte, die mit Gortyn um die Vorherrschaft auf der Insel rivalisierte.

Im Jahre 470 (466?) v.Chr. hat ein junger Mann aus Knossós, Ergotéles, in Olympia im Langlauf den Sieg errungen. Wir wissen das, weil ihm der Dichter Pindar (ca. 520–440 v.Chr.) ein Siegeslied gewidmet hat. Wir erfahren zugleich, dass ihn ein Bürgerkrieg aus seiner Heimat vertrieben und nach Himera in Sizilien verschlagen hat. Pindars Lied ist ein schönes Zeugnis frühgriechischer Weltsicht und Religion.

Noch keinem Menschen schenkten die Götter
ein sicheres Zeichen über den Ausgang zukünftigen Handelns.
Die Klugheit ist blind für das, was die Zukunft bringt.
Vieles geschieht den Menschen wider Erwarten,
einmal enttäuscht es freudige Hoffnung,
ein anderes Mal treffen Menschen auf schreckliche Stürme
und tauschen in kurzer Zeit
ein tief empfundenes Glück mit Leid.
Sohn Philanors, so wäre auch dein Ansehen, deine Schnelligkeit
– wie es dem daheim kämpfenden Hahn geschieht –
am väterlichen Herd ruhmlos dahingegangen,
hätte dich nicht der Aufruhr, der die Männer entzweit,
der knossischen Heimat beraubt. (Ol., 12, VV. 7–16).

67 v.Chr. eroberten die Römer Kreta. Augustus gründete in Knossós eine Kolonie, die *Colonia Iulia Nobilis* hieß. Sie existierte noch in byzantinischer Zeit und war Sitz eines Bischofs, bis sie von den Sarazenen im 9. Jahrhundert n.Chr. verwüstet und von den Bewohnern verlassen wurde. 1271 n.Chr. existiert wieder eine Siedlung, sie wird als *Makrís Tichos* (*Lange Mauern*) urkundlich erwähnt. Seit 1961 heißt der Ort wieder Knossós.

Modell des Palastes von Knossós

Die Wiederentdeckung des Palastes verdankt sich einem Kreter aus Iraklion, der 1878, angeregt von den Entdeckungen Heinrich Schliemanns in Troja und Mykene, erste Grabungen unternahm. Der Zufall wollte es, dass er Minos Kalokerinós hieß. Schliemann und Dörpfeld hätten seine Grabungen gern weitergeführt, scheiterten aber bei dem Versuch, das Gelände käuflich zu erwerben. 1900 hatte der englische Archäologe Arthur Evans mehr Glück. Er schloss einen Kaufvertrag und widmete sein Leben fortan nicht nur dem Ziel, den Palast auszugraben, sondern auch dem Plan, ihn weitgehend zu rekonstruieren, leider mit Beton. Was der Phantasie der Touristen zugutekommt, ärgert den Wissenschaftler. Lässt sich doch, was einmal in Beton gegossen ist, nicht leicht verändern. So wird in vieler Hinsicht ein falscher, weil den Erkenntnissen der Fachleute nicht mehr entsprechender Eindruck vermittelt. Es gilt allerdings zu bedenken, dass die Ausgrabungen wohl, wären sie nicht in Beton gesichert worden, durch das Erdbeben des Jahres 2008 zerstört worden wären. Die Fresken an den Wänden des Palastes sind vom Jugendstil des 19. Jahrhunderts beeinflusste Nachbildungen. Die Originale kann man im Museum in Iraklion bewundern.

Evans ist 1951 gestorben. Die Ausgrabungen werden bis heute fortgeführt.

4.3 Ein Rundgang durch den Palast

Wir betreten den Palast, dessen Fläche ca. 20 000 m² umfasst, im Westen und erreichen einen gepflasterten Hof (1). Rundbauten (2) und Altarsockel (3) legen die Vermutung nahe, dass er für kultische Zeremonien genutzt wurde. Der nördliche Altar war zentral positioniert, der südliche in der Nähe des Eingangs, beide standen in einer Beziehung zum Prozessionsweg. In der Südwestecke steht eine Bronzebüste von Arthur Evans. Von dem Hof öffnet sich nach Süden ein herrlicher Blick auf den Jouchta-Berg.

Von dem wenig repräsentativen Eingang (4) ist noch die steinerne Plinthe sichtbar, auf der sich eine Holzsäule mit einem Durchmesser von 1,20 m erhob. Der Eingang führt in den sog. *Prozessionskorridor* (5). Wir folgen ihm und gelangen, indem wir uns zweimal nach links wenden, auf den Zentralhof. Der mehrfache Richtungswechsel der Wege ist typisch für die minoische Architektur. Der Korridor hat seinen Namen von dem Fresko der lebensgroßen Personen erhalten, die Gaben und Musikinstrumente in ihren Händen halten. Etwa 500 Personen waren in zwei Zonen übereinander angeordnet. Der Korridor endet mit dem Fresko des *Lilienprinz*en, der eine Krone aus Lilien und Pfauenfedern trägt.

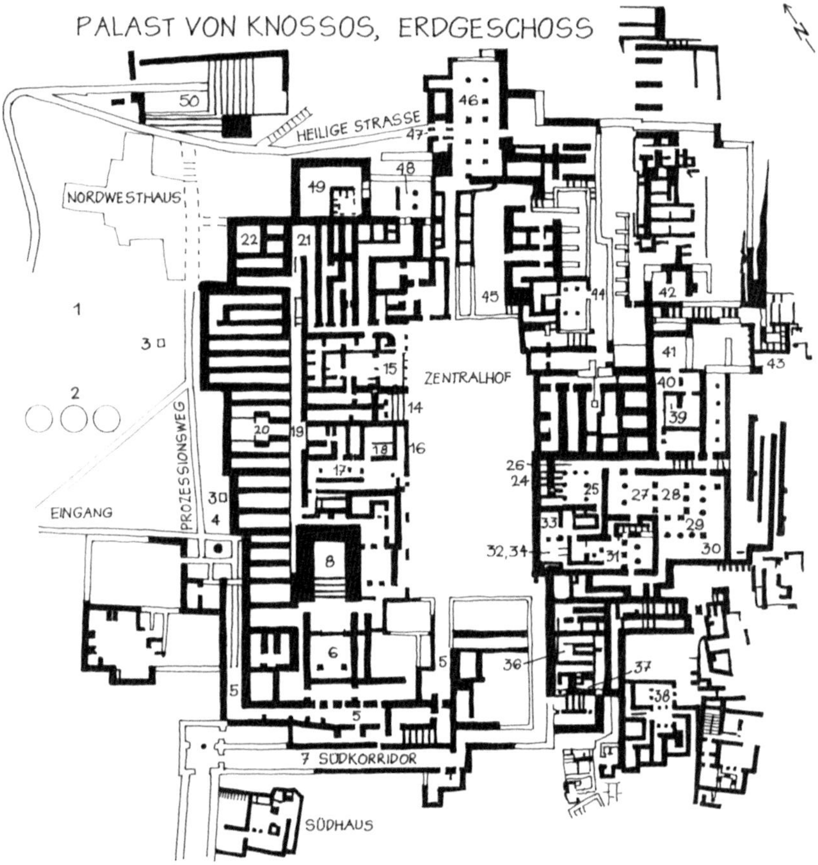

1 WESTHOF
2 RUNDBAUTEN
3 ALTÄRE
4 WESTEINGANG
5 PROZESSIONSKORRIDOR
6 SÜDPROPYLON
7 SÜDKORRIDOR
8 GROSSE TREPPE
9-13 SIEHE FOLGENDE SEITE
14 TREPPE
15 THRONSAAL
16 DREITEILIGES HEILIGTUM
17 PFEILERKRYPTEN
18 SCHATZKAMMER DES HEILIGTUMS
19 WESTKORRIDOR
20 MAGAZINE
21 ARCHIV
22 MAGAZINVERWALTUNG
23 GRIECHISCHER TEMPEL
24 GROSSES TREPPENHAUS
25 SÄULENHALLE
26 OSTWESTKORRIDOR
27 HALLE DER DOPPELÄXTE
28 PFEILERSAAL
29 PORTIKUS
30 LICHTHOF
31 MEGARON DER KÖNIGIN
32 BOUDOIR
33 SPINNROCKENHOF
34 TOILETTE
36 HEILIGTUM DER DOPPELÄXTE
37 KULTBASSIN
38 HAUS MIT DER TRIBÜNE
39 WERKSTATT DES STEINMETZEN
40 TÖPFERWERKSTATT
41 HOF
42 MAGAZIN DER RIESENPITHOI
43 OSTBASTION
44 KORRIDOR DES SCHACHSPIELS
45 RAMPE
46 PFEILERSAAL
47 NORDPROPYLON
48 NORDWESTPORTIKUS
49 HOF MIT KULTBASSIN
50 SCHAUTREPPE

PALAST VON KNOSSOS

1. OBERGESCHOSS DES WESTFLÜGELS

(PIANO NOBILE)

9 DREISÄULIGES HEILIGTUM
10 SCHATZKAMMER
11 GROSSE HALLE MIT 2 SÄULEN
12 SECHSSÄULENHALLE
13 KLEINER SAAL ÜBER DEM THRONSAAL
14 TREPPE

Der Palast hatte im Süden zwei Eingänge: Ein repräsentatives *Propylon* (6) und eine mit einem Viadukt verbundene Stufenportikus, die über dem tiefer gelegenen *Südkorridor* (7) zum Zentralhof führte. Die Rekonstruktion vermittelt einen Eindruck des ursprünglichen Zustands. Die Säulen verjüngten sich nach unten, Querbalken in den Wänden dienten der Stabilität, dem Schutz vor Erdbeben.

Piano nobile

Vom Südpropylon führt eine *Treppe* (8) in das Piano nobile, zunächst in einen Vorraum, von dort in ein *dreischiffiges Heiligtum* (9) mit einem Zugang zu einer *Schatzkammer* (10).

Ein Korridor teilt das Obergeschoss in zwei Bereiche.

Da die Magazinräume auf der linken Seite nicht rekonstruiert worden sind, kann man auf die *Magazine* im Erdgeschoss (20) hinabblicken, auf die Steinkisten und bauchigen Tongefäße, die sog. *Pithoi*, in denen Öl, Wein, Honig und Getreide gelagert und transportiert wurden. Die steinernen Kästen waren zum Teil mit Blei ausgekleidet. Sie dienten wohl der Aufnahme von Wertgegenständen und von Flüssigkeiten. Bei den Vorräten handelte es sich vermutlich um Abgaben der im Bereich des Palastes wohnenden Bauern. Die Wände waren mit den Emblemen der Doppeläxte geschmückt.

Aus einer der beiden *Hallen* mit zwei bzw. vier Säulen (11, 12) auf der linken Seite stammt das Fresko der *kleinen Pariserin*.

Der Gang endete vielleicht an einem Treppenaufgang zum zweiten Stock.

In einem Raum rechts des Korridors (13) hat man eine Inneneinrichtung rekonstruiert. Von dem Lichtschacht können wir auf das Kultbecken des Thronsaals hinabblicken. Von der offenen Veranda aus führt eine *Treppe* (14) in den Zentralhof hinab. Er liegt erhöht und misst 28 m x 50 m. Man kann sich gut vorstellen, dass hier rituelle Handlungen vollzogen, Stierspiele veranstaltet, Tänze aufgeführt wurden. Alle minoischen Paläste sind nach dem gleichen Prinzip erbaut worden: Die Gebäude sind rings um einen Zentralhof angeordnet. Die Kulträume waren im Westflügel, die Wohnräume im Ostflügel untergebracht. Statt Fenstern gab es Höfe und Schächte, durch die die Räume Licht erhielten und durchlüftet wurden.

Lilienprinz

Pithoi

Die kleine Pariserin

Erdgeschoss

Wenden wir uns im Zentralhof nach links, so stehen wir nach wenigen Metern vor dem Eingang des *sog. Thronsaals* (15). Ein rekonstruierter Thron im Vorraum markiert die Stelle, an der, wie sich aus verbrannten Resten schließen lässt, der originale Holzthron stand. Das Wasser einer Porphyrschale diente sicher der kultischen Reinigung.

Original ist der wesentlich wertvollere Alabasterthron, den wir in dem sich westlich anschließenden Raum sehen. Man hat eine Kopie für den Internationalen Gerichtshof in Den Haag angefertigt. Auch die den Wänden vorgelagerten Bänke sind aus Alabaster. Beiderseits des Throns sehen wir Fresken, die geflügelte Greifen darstellen.

Ein etwas tiefer gelegener Raum wird als *heiliges Bassin* gedeutet. Es weitet sich nach oben in einen Schacht, durch den der *Thronsaal* (15) Licht erhält. Es gibt in diesem Palast wie in den anderen Palästen mehrere derartige Bassins. Ihre Funktion ist unbekannt.

Wir gehen zur Treppe (14) zurück. Setzen wir unseren Weg nach Süden fort, kommen wir an einem *dreiteiligen Heiligtum* (16) vorbei, in dem die Schlangengöttinnen aus Fayence gefunden wurden, und kommen zu sog. *Pfeilerkrypten* (17) und einem *Schatzraum* (18). In die Pfeiler sind Doppeläxte eingraviert.

Die Namen *dreiteiliges Heiligtum, Pfeilerkrypta* beschreiben und benennen die Räume, ohne etwas über ihre Bedeutung auszusagen. Es gibt keine Anhaltspunkte, um das, was wir sehen, mit Leben erfüllen zu können.

Ein *Gang* (19) trennt die *Pfeilerkrypten* von den *Magazinen* (20), auf die wir vom Piano nobile aus hinabgeblickt haben.

Am Nordende des Korridors befanden sich ein *Archiv* (21), in dem man Tontäfelchen mit Linear-B-Schrift gefunden hat, und ein *Verwaltungsraum* (22).

Der Zentralhof war ringsum von Säulengängen umgeben, nur das *dreiteilige Heiligtum* (16) war ausgespart. Bänke in den Gängen und Veranden über ihnen luden zum Verweilen ein und dazu, den Veranstaltungen auf dem Hof zuzuschauen.

Der Hof liegt auf der Höhe des Erdgeschosses des Westflügels und der zweiten Etage des Ostflügels. Das Erdgeschoss und die erste Etage des Ostflügels sind in den Hang hinein gebaut worden. Über der sichtbaren zweiten Etage hat es vermutlich noch zwei weitere Stockwerke gegeben, so dass der West- und der Ostflügel gleich hoch waren. Diese Stockwerke sind nicht erhalten.

Alabasterthron mit Greifenfresko

Megaron der Königin

Badewanne

Wir betreten den Ostbereich durch einen *Eingang* (24), von dem breite Treppen spiralförmig zu den Privatgemächern der Herrscher im ersten Stockwerk und zu den Repräsentationsräumen im Erdgeschoss führen. Ein von Säulen umgebener Lichtschacht sorgt für Helligkeit. Vor den Privatgemächern des ersten Stocks war die Wache postiert, wie man aus den Fresken schließt, die 8-förmige Schilde zeigen.

Im Erdgeschoss erreichen wir eine Säulenhalle mit einem *Lichthof* (25). Nördlich von ihr erstreckt sich ein Gang, der die nördlich von ihm liegenden Handwerks- und Magazinräume von den südlich gelegenen schon erwähnten königlichen Gemächern trennt.

An die Säulenhalle schließen sich nach Osten Räume an, die man als *Megaron des Königs* oder *Halle der Doppeläxte* (27) und *Pfeilersaal* (28) bezeichnet. Unter *Megaron* versteht man einen langen rechteckigen Raum; der Begriff ist von dem griechischen Wort *megas – groß* abgeleitet. Das Megaron wird später der Hauptraum und der Mittelpunkt der mykenischen Paläste. Aus ihm entwickelt sich die Cella des Tempels. Eine *Portikus* (29) führt auf einen Lichthof. Die Türen zwischen den Räumen waren verschließbar.

Wenden wir uns vom *Pfeilersaal* (28) nach Süden, gelangen wir auf einem zweimal geknickten Gang in einen Raum, der vielleicht das *Megaron der Königin* (31) war. Einer der vielen Lichtschächte sorgt für Luft, Beleuchtung und Helligkeit. Die Wände waren mit Fresken geschmückt, die Delphine und Tänzerinnen darstellten. Ringsum liefen Bänke. Was wir in einer Nische im Westen sehen, wird gern als die *Badewanne der Königin* bezeichnet. Es gab eine Treppe zu den Gemächern des Königs.

Westlich an das Megaron schließen sich Räume an, die man als das *Boudoir* (32) und die *Toilette* mit Wasserspülung (34) deutet. Sicher ist, dass der Raum 34 an das System der Wasserleitungen und der Kanalisation angeschlossen war, das von sehr hohem technischen Standard zeugt. Das Boudoir erhält sein Licht durch den sog. *Spinnenrockenhof*, einen Lichtschacht (33).

In dem weiter südlich gelegenen Bereich stoßen wir auf ein *Heiligtum der Doppeläxte* (36), in dem man die Statuette der *Göttin mit erhobenen Händen und der Taube auf dem Kopf* gefunden hat. Deshalb spricht man auch von dem *Heiligtum der Schlagengöttin*. Es stammt aus der Nachpalastzeit. Um einen Altar lagen zahlreiche Kultgegenstände und Figuren von Adorantinnen (betenden Frauen). Dass der Raum in seinem Originalzustand erhalten geblieben ist, wird vielleicht einer plötzlich eingetretenen Katastrophe verdankt.

Auf dem Weg zu einem Korridor, der nach Süden zum Ausgang führt, sehen wir rechts ein *Kultbassin* (37) und links das *Haus der Tribüne* (38) mit roten Säulen.

Statuette der Schlangengöttin

Wir wenden uns dem Teil des Ostflügels zu, der nördlich des *Ost-West-Ganges* (26) liegt. Hier hatten Handwerker ihre *Werkstätten*, u.a. der Steinmetz (39), in dessen Werkstatt man noch unfertige Steingefäße gefunden hat, und der Töpfer (40), in dessen Werkstatt Bodenvertiefungen dafür benutzt wurden, den Ton zu kneten.

Eine Wand des sich nördlich anschließenden *quadratischen Hofes* (41) war mit einem Stierspringerfresko geschmückt. In einer steinernen Leitung wurde Wasser von außen in eine Zisterne geleitet.

Stierspringerfresko

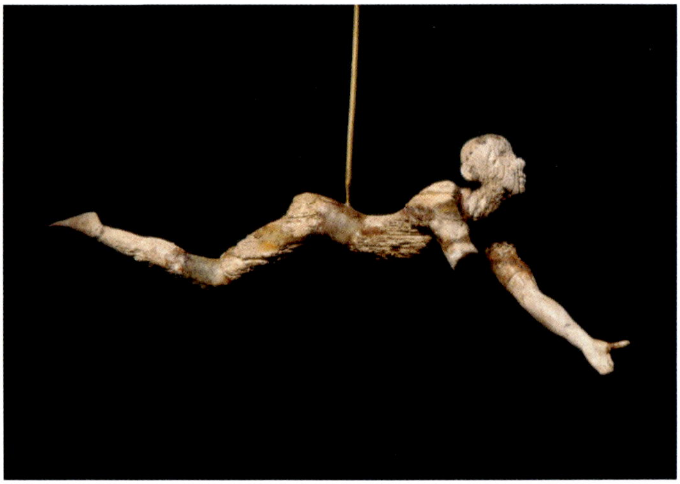

Stiersprung

Von dem Hof gelangen wir in das *Magazin* (42). Die dort aufgestellten Pithoi sind nicht nur die größten, sondern auch die ältesten (2000–1700 v.Chr.).

Eine mehrfach abknickende Treppe führt zur *Ostbastion* (43). Davor erstreckt sich ein großer Platz, auf dem sicher auch Veranstaltungen stattfanden.

Westlich des Magazins mit den Pithoi verläuft ein Gang in Nord-Süd-Richtung, der sog. *Korridor des Schachspiels* (44), in dem man ein Brettspiel aus Elfenbein mit Intarsien aus Gold, Silber, Bergkristall und Glas gefunden hat. Unter einem Gitterrost sehen wir Tonröhren einer Leitung, die Wasser vom Berg Jouchta in den Palast geleitet hat. Dabei wurden auch Steigungen überwunden.

Eine Treppe am Südende des Korridors führt auf den Zentralhof.

Nordtrakt

Wer von Norden, vom Hafen, kam, betrat den Trakt über eine zum Zentralhof ansteigende gepflasterte *Rampe* (45) in der Mitte der Front. Sie konnte auch mit Wagen befahren werden. Die Wände von Säulengängen, über den die Rampe zu beiden Seiten begrenzenden Mauern, waren mit Fresken bemalt, die Stierszenen darstellten.

Die Rampe führt auf einen großen *Pfeilersaal* (46) zu, dessen Dach acht Pfeiler und zwei Säulen trugen. Arthur Evans hat vermutet, dass Besucher hier ihre Geschenke deponierten und Untergebene ihre Abgaben entrichteten, andere meinen, es sei ein Speisesaal gewesen.

Ein *Propylon* (47) öffnet sich auf die *Heilige Straße*, die an der *Nordwestportikus* (48) vorbei auf einen Hof mit einem Becken führt, in das man auf einer mit Säulen geschmückten Treppe hinabsteigen konnte; es diente vielleicht der kultischen Reinigung der Besucher. Hier wurde ein ägyptischer Pyxisdeckel gefunden, den man auf die Zeit der Hyksos-Dynastie datieren kann, die im 17./16. Jahrhundert v.Chr. regiert hat.

Folgen wir der heiligen Straße weiter, erreichen wir das sog. *Theater* (50), das 400 bis 500 Zuschauern Platz bot.

Die Straße endete in Amnissós, dem Haupthafen von Knossós.

Der gesamte Komplex fasziniert durch seine durchdachte Architektur, die Kult-, Repräsentations- und Wohnräume, Magazine und Werkstätten zu einer Einheit zusammenfasste, durch das System der Wasserzu- und ableitung und der Schächte, durch die Innenräume Licht und Luft erhielten. Querbalken, die in die Mauern eingezogen waren, sicherten den Bau gegen Erdbeben. Künstler hatten die Wände mit bunten Fresken geschmückt. Es gab zahlreiche Höfe. Man kann sich gut vorstellen, dass auf ihnen rituelle Handlungen stattfanden, Spiele und Tänze aufgeführt wurden.

Ein solches, nicht allzu hohes Bauwerk schreckt nicht ab, lädt im Gegenteil ein, es zu betreten, verheißt ein geordnetes, friedliches und heiteres Leben. Es wäre schön, wenn wir mehr davon wüssten.

Rings um den Palast lagen Villen und Wohnungen. Einige Fresken, wie zum Beispiel der *blaue Affe*, stammen aus diesen Gebäuden.

Man schätzt die Einwohnerzahl des Palastes und seiner Umgebung auf ca. 50 000.

5. Kapitel

Knossische Mythen

Inhaltsverzeichnis

5.1 Minos, der rechtschaffene Sohn des Zeus

In der mythischen Gestalt des Minos wird die Erinnerung an die bronzezeitliche Epoche des 2. Jahrtausends v.Chr. bewahrt. (Thukydides, 1, 4 und 8). Dass in Homers *Ilias* der vor Troja kämpfende griechische Held Idomeneus Minos als seinen Großvater bezeichnet (13, VV. 449–452), passt nicht in das zeitliche Raster und zeigt, dass wir es mit einer mythischen Figur zu tun haben. Freilich: Es könnte sich bei Homer auch um einen ganz anderen jüngeren Minos handeln.

Den ersten mythischen Minos kennt Homer als einen Sohn des Zeus und der Europa (Il., 13, V. 449; 14, V. 321f.). Der Vater traf sich alle neun Jahre in der Idäischen Höhle mit seinem Sohn, um ihn über die Tugend zu belehren. Davon, dass Kreta seine Gesetze dem Zeus verdankt, ist der Kreter Kleinias zu Beginn der platonischen Schrift *Nomoi (Gesetze)* überzeugt. (624).

In Homers Odyssee berichtet Odysseus den Phaiaken, dass er, als er die Toten beschwört, auch Minos erblickt:

Minos sah ich da, den strahlenden Sohn des Zeus. Ein goldenes Szepter hielt er in der Hand, als er Recht sprach über die Toten. Er saß, und die, die um ihn versammelt waren, saßen und standen und baten den Herrn um sein Urteil in dem Haus des Hades, dem Haus mit den breiten Toren.
(11, VV. 568–571).

Minos war nach seinem Tod, so berichtet Platon, mit seinem Bruder Rhadamantys und Aiakos, einem Sohn des Zeus und der Nymphe Aigina, als Richter in das Totengericht berufen worden. Ihm war der Vorsitz übertragen worden. Er entschied, wenn es zwischen den beiden anderen einen Dissens gab. (Gorgias, 523 e, 524 a).

5.2 Pasiphaë, der Stier des Poseidon und der Minotauros

Nicht immer war Minos so rechtschaffen, wie man es von einem Sohn des Zeus erwarten sollte. Die sog. *Bibliothek,* ein mythologisches Handbuch, das wohl aus dem 1. Jahrhundert n.Chr. stammt und unter dem Verfassernamen Apollodoros überliefert ist, weiß von einem Frevel, der furchtbare Folgen haben sollte:

Als Minos König von Kreta werden wollte, hatte er mit Widerständen zu kämpfen. Gegenüber seinen Gegnern machte er geltend, dass er die Herrschaft von den Göttern erhalten habe, und, damit ihm geglaubt werde, kündigte er an, dass geschehen werde, was er im Gebet erbitte. Daraufhin brachte er dem Poseidon ein Opfer dar und bat, dass ein Stier aus der Tiefe des Meeres erscheinen möge. Zugleich versprach er, das Tier zu opfern. Poseidon ließ einen herrlichen Stier aus den Fluten auftauchen. Mit diesem Beweis der Frömmigkeit und Gottesnähe konnte sich Minos die Königsherrschaft sichern. Sein Versprechen wollte er freilich angesichts der überwältigenden Schönheit des göttlichen Geschenks nicht halten. Er reihte diesen Stier in seine Herde ein und opferte ein anderes, weniger ansehnliches Exemplar.

Poseidon wurde zornig und richtete es so ein, dass Pasíphaë, die Gattin des Minos, von einem heftigen Verlangen nach dem prächtigen Tier ergriffen wurde. Um das Begehren zu befriedigen, versicherte sie sich der Hilfe des Daidalos, eines Baumeisters, Künstlers und genialen Erfinders, der, weil er des Mordes beschuldigt wurde, aus Athen hatte fliehen müssen. *daidallein* heißt etwas *kunstvoll herstellen*. Er schuf eine hölzerne Kuh auf Rädern, die er mit einer Kuhhaut umkleidete, versteckte Pasíphaë in ihr und führte sie auf die Wiese, auf der der Stier zu weiden pflegte. Der Stier ließ sich täuschen und, als die Zeit gekommen war, gebar Pasíphaë den Asterios, den man, weil er zwar sonst einem Menschen glich, aber das

Gesicht eines Stiers (griechisch *tauros*) hatte, Minotauros nennt. Er wurde im Labyrinth eingesperrt und bewacht.

Der Schweizer Schriftsteller Friedrich Dürrenmatt (1921–1990) hat sich in einer Ballade, die den Titel *Minotaurus* trägt, mit dem Mischwesen beschäftigt. Er stellt es sich so vor:

> *Sein gewaltiger, mit einem fahlen lichtbraunen Pelz bedeckter Kopf war der eines Auerochsen, die Stirn hoch, breit und von verfilzten Wollhaaren überwuchert, die Hörner kurz und so gebogen, dass die Spitzen über der Wurzel standen, die rötlichen Augen schienen eher klein im Verhältnis zum Schädel, und die Umrandung, in der sie lagen, war erhöht, die Augen waren unergründlich. Der sanft geneigte massige Nasenrücken führte zu schief gestellten Nüstern, an dem Maul hing eine lange bläulichrote Zunge und unter dem Kinn ein zopfiger geiferverklebter Bart. Das alles wäre zu ertragen gewesen, aber das Unerträgliche war der Übergang dieses Bullen zum Menschen. Über dem Auerochsenschädel wölbte sich ein Gebirge von struppigem und dann wieder abgeschabtem Fell, aus dessen Grannen und Strähnen zwei Menschenarme wuchsen, die sich auf den gläsernen Boden stützten. Es war, als ob der ungeheure Kopf und der Buckel über ihm aus dem Leib eines Mannes gewuchert wären.*

Eine so detaillierte Beschreibung ist aus der Antike nicht bekannt.

Die Geschichte des Poseidonstieres hat noch eine Fortsetzung. Der Gott hat ihn so wild und ungestüm gemacht, dass er ganz Kreta verwüstet hat. Das schien dem Eurystheus, dem in der Argolis herrschenden König, gerade recht, den Herakles damit zu beauftragen, ihn zu fangen und zu ihm zu bringen. Es wurde die siebente seiner zwölf berühmten Aufgaben. Herakles habe, so wird erzählt, Folge geleistet, den Stier gefangen, ihn dem Eurystheus gezeigt – und freigelassen. Der habe den Isthmos von Korinth überquert, sei nach Marathon in Attika gekommen und habe dort den Menschen großen Schaden zugefügt, bis ihn Theseus getötet *und in Athen der Athena geopfert habe. (Apollodor, 2, 5, 7).*

Pasiphaë bedeutet die *Allerscheinende*. Sie war eine Tochter des Sonnengottes Helios. Aufgrund ihrer Herkunft, ihres Namens und des Namens ihres Sohnes Asterion (Sternchen) hat man auf eine ursprüngliche Beziehung zu Himmelserscheinungen geschlossen. War sie vielleicht eine Priesterin der Mondgöttin, vollzog sie mit dem König Minos, der eine Stiermaske trug, eine rituelle Hochzeit, die die Vereinigung von Sonne und Mond symbolisierte? (Ranke-Graves, a.a.O., S. 269). Es sind die Namen, die zu derartigen Spekulationen Anlass geben.

5.3 Das Labyrinth von Knossós und das Labyrinth von Chartres

Über den Bau des Labyrinths, das Gefängnis des Pasiphae-Sohnes Minotauros, erfahren wir von dem römischen Dichter Ovid (43 v.Chr. bis 17/18 n.Chr.) folgendes:

> *Schon war der Spross herangewachsen, die Schande des Hauses,*
> *und der schimpfliche Ehebruch der Mutter war allen*
> *durch die Doppelgestalt des Monsters sichtbar geworden.*
> *Keiner hatte bisher ein vergleichbares Wesen gesehen.*
> *Da beschloss der König Minos, diese große*
> *Schmach aus seiner Wohnung zu entfernen und es*
> *in einem weitverzweigten Haus und dunklen Räumen*
> *einzusperren. Dädalus, der als Künstler berühmt war,*
> *schuf das Werk. Er führte die Augen des Monsters in die*
> *Irre durch die mannigfach gewundenen Wege.*
> *Wie in Phrygien der Mäander in klaren Wellen*
> *spielt und ungewiss hin- und her fließt, sich selbst begegnet*
> *und die kommenden Wellen erblickt, bald zur Quelle,*
> *bald zum offenen Meer sein ziellos fließendes Wasser*
> *schickt, so schuf der Künstler Irrwege. Schließlich fand er*
> *selbst kaum zurück zum Ausgang, so voller Trug und Täuschung*
> *war das Gebäude. Dies war das Gefängnis des Wesens mit den*
> *zwei Gestalten, der eines Stiers und der eines Mannes.*
> *Zweimal hat es sich an attischem Blut gesättigt,*
> *dann aber wurde es nach wiederum neun Jahren*
> *von dem Führer der dritten durch das Los erwählten*
> *Schar besiegt. Denn Theseus erreichte mit der Hilfe*
> *der Ariadne das Tier, obwohl es nur schwer zu finden*
> *war, da es keinem den Durchgang erlaubte. Theseus gelang es*
> *durch Ariadnes Faden.* (Metamorphosen, 8, VV. 155–173)

Das Verwaltungszentrum, das die Mykener Labyrinth genannt hatten und das der Ausgräber, Arthur Evans, als Palast gedeutet hatte, war im Zusammenhang mit dem Mythos von dem Minotauros zum Gefängnis des Ungeheuers mutiert.

Vor Evans Identifikation von Palast und Labyrinth zeichneten die Kartographen das Labyrinth bei dem unweit von Gortyn gelegenen Ort Castelli in die Karten ein.

> *Dort gibt es in der Tat in einem Ort ein System von höhlenartigen Stollen, die sich in verschlungener und verwirrender Linienführung kilometerweit durch den Felsen ziehen – immer wieder unterbrochen von Abzweigungen in alle Richtungen, von Sackgassen und von großen Kammern und Gewölben. Für*

die Reiseschriftsteller vergangener Jahrhunderte gehörte ein Besuch dieses Labyrinths zu den großen Attraktionen ihrer damals noch beschwerlichen Reise durch Candia. So schrieb etwa der Franzose Platon de Tournefourt im Jahr 1700 nach einem Besuch des Verlieses: „Dieser so berühmte Ort ist ein unterirdischer Gang nach Art einer Gasse, welche in hundert Krümmungen, die gleichsam von ungefähr entstanden und ohne die geringste Ordnung angelegt sind, durch den ganzen inneren Teil eines Hügels am Fuß des Berges Ida auf der Mittagsseite, drei Meilen von den Ruinen von Gortyn, fortläuft."

(Arn Strohmeyer, a.a.O., S. 107).

Dieses Labyrinth erfährt im Verlauf der Geschichte immer wieder neue Deutungen. So hat man Tod und Leben, Endlichkeit und Unendlichkeit mit ihm assoziiert.

Die Griechen und Römer nutzten es als Schmuckelement, bis es in der Spätantike verschwindet, um im 12. Jahrhundert in Kirchen in Frankreich, Südengland und Italien wieder aufzutauchen. In der Renaissance wird es aus den Kirchen verbannt. In Gartenanlagen lebt es weiter.

Ein berühmtes Labyrinth befindet sich in der Kathedrale von Chartres. Es stammt aus dem Anfang des 13. Jahrhunderts und ist mit schwarzen und grauen Platten in den Fußboden des Langhauses eingelegt. Es hat einen Durchmesser von 12 m, 11 Umgänge führen ins Zentrum. Die Zahl 12 symbolisiert das Maß und die Vollkommenheit, 11 als 12 minus 1 die Unvollkommenheit, als 10 (Dekalog) plus 1 die Maßlosigkeit. Der Kreis, Symbol für den Kosmos, wird von einem Kreuz überlagert. Der Eingang ist im Westen, in der dem Sonnenuntergang zugewandten Richtung.

Das Labyrinth ist kein Irrgarten. Man geht von außen nach innen zielstrebig auf die Mitte zu, aus der Welt zugleich zu sich selbst und zu Gott, kehrt um und geht von innen zurück nach außen, zurück in die Welt, aber nun mit einer neuen Einsicht und Erfahrung. Es ist ein Weg der Läuterung. Christus, der neue Theseus, errettet den Menschen aus den verschlungenen Wegen des Lebens. Ein Lebensbaum in der Mitte verweist auf die Erneuerung der Natur.

Johann Sebastian Bach hat – vermutlich 1714 – ein Orgelkonzert komponiert, das er *Ein kleines harmonisches Labyrinth* genannt hat. (BW 591).

Das Labyrinth von Chartres

Das folgende Gedicht stammt von Marie Luise Kaschnitz (1901–1974):

Traumgärten spielerisch sich zu verirren
ersannen wir und liebten ihre Schatten,
und waren stolz die Fäden zu entwirren,
die wir erfinderisch verschlungen hatten.

Von andrer Art sind nun die Labyrinthe
und gleichen Gärten nicht und Heckenwegen,
und lächelnd tritt uns nicht im Laubgewinde
der Liebste hier und dort der Freund entgegen.

Nur eines ist gemeint. Hindurchzufinden.
Nur eine Richtung und nur eine Kraft.
Und um uns her müht eine Schar von Blinden
in unterweltlich drängendem Bestreben
mit Stoß und Schlag und Schrei der Leidenschaft
sich um den einen Ausweg: Um das Leben.

Sich im Labyrinth zu bewegen, ist kein Spiel. Es gilt, mit einer Kraft inmitten der Menschen, die ziellos um ihr Leben kämpfen, die eine Richtung nicht zu verlieren. Streben die Menschen dem Ausweg zu, der Welt, die ihnen Leben bedeutet, so hat die Dichterin offenbar ein anderes Ziel: die Mitte. Was sie in dieser Mitte zu finden hofft, verrät sie nicht.

In Schweden hat man aus Stein gelegte Labyrinthe gefunden, die ca. 2000 Jahre alt sind. Sie haben Bezug zu Gräbern. Der Eingang ist im Westen. Es könnte sich um das Kultzentrum einer Vegetationsgottheit gehandelt haben.

5.4 Die verratene Liebe der Ariadne

Die Athener hatten sich verpflichtet, dem König Minos alle neun Jahre sieben junge Mädchen und sieben junge Männer zu stellen, und zwar so lange, bis der Minotauros gestorben ist. Sie leisteten damit Buße, weil durch ihr Verschulden Androgeos, der Sohn des Minos, umgekommen war. Über die Teilnahme bestimmte das Los. Als die Athener dieser Verpflichtung zum dritten Mal nachkommen mussten, erklärte sich Theseus, der Sohn des Königs Aigeus, bereit, sich als 7. Mann ungelost in die Schar einzureihen, und er versprach, dass er das Ungeheuer umbringen werde.

Ariadne war eine Tochter des Minos. Ihr Name, *die Hochheilige*, lässt vermuten, dass sie ursprünglich eine Göttin war, die als Herrin des Labyrinths verehrt wurde.

Was sich auf der Insel Kreta nach der Landung der Schar der jungen Menschen zutrug, erzählt der römische Dichter C. Valerius Catullus (84–54 v.Chr.) in einem Gedicht in Hexametern, einem Epyllion:

Theseus, an dir hing Ariadne,
hing sie, die Verlorene, mit ihrem ganzen Herzen,
ihrem ganzen Sinn, ihrer ganzen Seele.
Ach, die Arme, die Venus mit nicht endendem Kummer
damals verstört hat, als der ungestüme Theseus
im Palast des ungerechten Königs in Gortyn
ankam. Von des Piräus geschweiften Ufern kam er. ...
Als die Königstochter ihn mit begehrenden Blicken
angeschaut hatte – die das reine Mädchenbett mit
süßen Düften und die sanfte Umarmung der Mutter
immer gehegt hatte, ... wandte sie nicht eher die Blicke
von ihm ab, als bis die Liebesflamme ganz in
ihren Körper eingedrungen war und sie im
tiefsten Winkel ihres Innern hell entflammt war.
Ach, du heiliger Knabe, Amor, der du grausam
Leidenschaften entfachst und der du Freud und Leid der
Menschen mischst, und du, Venus, göttliche Mutter, ... in welchen
Fluten habt ihr das im Herzen entflammte Mädchen
hin und her geworfen, die im Gedanken an den
blonden Fremden immer wieder seufzte. Wie große
Ängste trug sie in ihrem zermarterten Herzen, und wie
oft erbleichte sie damals, mehr als der Glanz des Goldes,
als sich Theseus entschloss, das wilde Ungeheuer
anzugreifen und zu sterben oder den Lohn des
Ruhmes zu erringen. Mit unbewegter Lippe
betete sie, versprach und gelobte den Göttern kleine
Gaben, die sie lieben – sie tat es nicht vergeblich.
Denn wie ein ungehemmter Sturm auf dem Gipfel des Taurus
eine Eiche, die ihre Äste schüttelt, oder
eine Zapfen tragende Pinie mit harziger Rinde
heftig wehend erst dreht, dann umwirft und gänzlich ausreißt
(In der Ferne fällt sie, herausgerissen mit der
Wurzel, vornüber, alles, was sie hemmt, das zerbricht sie.),
so bezwang Theseus den Körper des wilden Ungeheuers,
und er streckte es nieder, das vergeblich die Hörner
in die leere Luft stieß. Dann kehrte er wohlbehalten
und mit großem Lob bedacht zum Ausgang zurück. Er
lenkte seine irrenden Schritte mit Hilfe eines
zarten Fadens, damit ihn nicht ein unbemerkter
Irrgang der Behausung täusche, während er das

windungsreiche Labyrinth verlassen wollte.
Aber warum soll ich weiter von dem, was ich sagen wollte,
abschweifen und erzählen, wie die Tochter die Blicke
ihres Vaters verließ, die Umarmung der Schwester und schließlich
die Umarmung der Mutter, der Armen, die um ihre
Tochter maßlos klagte, wie sie ihr die süße
Liebe zu Theseus vorzog oder wie sie mit dem
Schiff am umbrandeten Ufer von Dia landete oder
wie sie ihr Gatte, als ihre Augen vom Schlaf gefesselt
waren, undankbaren Sinnes verließ und fortfuhr?
(64, VV. 69–123).

Theseus hat sein Versprechen, den Minotauros zu töten, gehalten. Das Mädchen, dem er den Erfolg verdankte, hat er verraten. Er konnte nicht wissen, dass der Gott Dionysos sich der hilflos auf der Insel Naxos, die auch Dia hieß, zurückgelassenen Ariadne annehmen, sie zu seiner Braut machen und als leuchtendes Gestirn an den Himmel heften würde. Straflos kam er nicht davon. Er vergaß, als er sich der Heimat näherte, das weiße Segel zu setzen, wie es verabredet war, wenn er erfolgreich zurückkehre. Dass sich sein Vater Aigeus aus Gram in den Tod stürzte, hat er zu verantworten. Im Namen des Ägäischen Meeres lebt der König fort.

Der französische Schriftsteller André Gide (1869–1951), der 1947 mit dem Nobelpreis für Literatur ausgezeichnet wurde, hat eine fiktive Autobiographie des Heros geschrieben, sie trägt den Titel *Thésée*.

Dass Catull nicht Knossós, sondern Gortyn zum Schauplatz der Handlung auf Kreta macht, gehört in den Bereich der dichterischen Freiheit. Gortyn war damals die Hauptstadt der römischen Provinz. Denkt er, wenn er den König *ungerecht* nennt, an das dem Poseidon vorenthaltene Opfertier?

Euripides (484/480–406 v.Chr.) war der erste Dichter, der im Drama die Gefühle einer liebenden Frau dargestellt hat. In seiner im Jahr 428 aufgeführten Tragödie *Hippolytos* klagt Phaidra, auch sie eine Tochter des Minos, über ihr Liebesleid: Sie hat sich in ihren Stiefsohn, Hippolytos, verliebt, der aus einer Ehe des Theseus mit einer Amazone stammte.

Seit dem 4. Jahrhundert v.Chr. ist die Liebe ein in der antiken Dichtung häufig wiederkehrendes Motiv. Nicht selten ist es die liebende Frau, die enttäuscht wird. Wie Ariadne und Phaidra ergeht es auch Medea und Dido. Der Philosoph Aristoteles (384–322 v.Chr.) hat festgestellt, dass es der Frau an Besonnenheit (*sophrosýne*) fehle. (Politik, 1260a 21). Ist das ihre Tragik?

Theseus tötet den Minotauros
Römisches Mosaik, 4. Jh. n.Chr.
(Kunsthistorisches Museum Wien)

5.5 Der Reigen des Daidalos

Die göttliche Thetis lässt sich von Hephaistos, dem göttlichen, hinkenden Meister der Schmiedekunst, Waffen für ihren Sohn Achilleus anfertigen. Homer berichtet davon in der *Ilias* und kommt dabei auch auf die Kunst des Daidalos zu sprechen:

> *Einen Reigen (chorón) schuf der berühmte Künstler, der starke*
> *Arme hat, dem gleich, den einmal Daidalos in dem*
> *breiten Knossós für Ariadne gefertigt hatte,*
> *die mit schönen Flechten geschmückt ist. Da tanzten junge*
> *Männer und begüterte junge Mädchen, sie hielten*
> *sich an den Händen. Leichte Leinengewänder trugen*
> *alle Mädchen, die Jungen gut genähte Chitone,*
> *die von Öl sanft glänzten. Jene trugen schöne*
> *Kränze, diese goldene Dolche an silbernen Riemen.*
> *Mit geübten Schritten eilten sie bald im Kreis, ganz*
> *leicht, wie wenn ein Töpfer dasitzt und die den Händen*
> *angepasste Scheibe prüft, ob sie richtig laufe.*
> *Dann wieder eilten sie in Reihen gegeneinander.*
> *Viele Menschen umringten die Tänzer und hatten an dem*
> *schönen Reigen ihre Freude. Mitten unter ihnen*
> *stand ein göttlicher Sänger, und er sang zur Leier.*
> *Wirbelnd zeigten zwei akrobatische Tänzer ihre*
> *Kunst, sobald der göttliche Sänger zu singen anfing.*
> (18, VV. 590–606).

Daidalos hatte offenbar ein Mosaikmuster in den Boden des Palasthofes eingelassen, dem die Schritte der Tänzerinnen und Tänzer folgten. Getanzt wurde für Ariadne, die vielleicht als die göttliche Herrin des Labyrinths verehrt wurde.

5.6 Der Sturz des Ikarus

Wie lange sich Daidalos an den Reigentänzen erfreuen konnte, wissen wir nicht. Denn Minos hat ihn gemeinsam mit seinem Sohn Ikarus im Labyrinth einsperren lassen. Über die Gründe wird spekuliert. Vielleicht wollte der König verhindern, dass eine andere Stadt, ein anderes Land von dem Erfindungsgeist des genialen Künstlers profitierte?

Wie verhielt sich der gefangene Daidalos, der in dem folgenden Text des römischen Dichters P. Ovidius Naso (43 v.Chr. bis 17/18 n.Chr.) Dädalus heißt?

Dädalus war inzwischen der langen Verbannung und Kretas überdrüssig. Er sehnte sich nach seiner Heimat. Doch das Meer umschloss ihn. Er sagte: „Land und Wasser kann uns Minos versperren, der Himmel steht jedoch offen. Das wird unser Weg sein. Die Luft gehört ihm nicht, mag alles sonst auch ihm gehören." So sprach er. Dann dachte er über neue Erfindungen nach und entdeckte etwas Neues in der Natur. Er legte Federn in eine Reihe; mit der kleinsten begann er, dann wechselten kurze (Deckfedern) und lange (Schwungfedern) so, als wären sie auf einem Abhang gewachsen. Manchmal steigt die ländliche Flöte des Pan *mit ihren ungleichen Rohren aus Schilf in dieser Weise allmählich an. Er verband die Federn in der Mitte mit einem Band und unten mit Wachs. Die so zusammengefügten Federn bog er zu einer leichten Krümmung, um die Vögel nachzuahmen. Ikarus stand in seiner Nähe. Der Knabe wusste nicht, dass er mit Dingen spielte, die ihm gefährlich werden sollten. Er strahlte glücklich, als er bald nach den Federn haschte, die ein leichter Luftzug bewegt hatte, bald das gelbe Wachs mit seinem Daumen knetete und mit dem Spiel das schöne Werk des Vaters behinderte. Als der Meister die letzte Hand an das Werk gelegt hatte, brachte er seinen Körper zwischen den beiden Flügeln in die Schwebe und sagte: „Höre auf meine Lehren, Ikarus, bleib in der Mitte. Fliegst du zu tief, beschwert das Wasser die Federn, fliegst du aber zu hoch, versengt sie das Feuer. Fliege zwischen beidem. Das nimm dir zu Herzen: Blicke nicht zu Bootes, nicht zu Helike und auch nicht zu Orion, der sein Schwert gezückt hat. Folge meiner Führung." In gleicher Weise lehrte er ihn die Kunst des Fliegens und passte dann den Schultern die Flügel an, die er erfunden hatte. Während der Arbeit und der Ermahnung flossen Tränen über die Wangen des alten Mannes, und die Hände des Vaters zitterten. Als er seinen Jungen küsste, da konnte er nicht wissen, dass es das letzte Mal sei. Von den Federn hoch empor getragen, flog er voran, ständig in Sorge um den Begleiter wie ein Vogel, der seine zarte Brut aus dem Nest führt, mahnte zu folgen, lehrte die verhängnisvollen Künste, bewegte seine Flügel und blickte zurück auf die seines Sohnes. Die beiden erblickte einer, der mit*

zitternder Angel Fische fing, oder ein Hirte,
auf seinen Stab, ein Bauer, auf seinen Pflug gestützt, sie
staunten und glaubten, Wesen, die im Äther fliegen
könnten, müssten Götter sein. Schon war zur Linken
Junos Insel Samos; Delos und Paros lagen
hinter ihnen, zur Rechten zeigten sich Lebinthos
und das honigreiche Kalymne, als der Knabe
anfing, sich an dem kühnen Flug zu erfreuen, seinen
Führer verließ und – begierig nach dem Himmel – immer
höher hinaufflog; die Nähe der versengenden Sonne
schmolz das duftende Wachs, das die Federn fesselte. Als das
Wachs geschmolzen war, da schwang der Junge die nackten
Arme, doch ohne die Flügel konnte er die Luft nicht
fassen. Das blaue Meer verschlang den Mund des Kindes,
das noch den Namen des Vaters rief; das Meer erhielt von
Ikarus seinen Namen. Der Vater, nun nicht mehr Vater,
klagte: „Ikarus, Ikarus", rief er, „wo bist du? Wo soll ich
dich denn suchen?" „Ikarus", rief er nochmals, als er
in den Wogen die Federn sah. Er verfluchte seine
Kunst und begrub den Körper. Das Land trägt den Namen des
Toten.

(8, VV. 183–235).

Dädalus ist kein wissenschaftlicher Experimentator im modernen Sinn, er forscht nicht zweckfrei. Er möchte sich und seinen Sohn aus der Gefangenschaft befreien. Es ist die Not, die die Technik gebiert. Die Erfindung soll die den Menschen von Natur gegebenen Möglichkeiten erweitern. Daran, dass sie die Götter herausfordern könnte, denkt Dädalus nicht.

Die Natur wird nachgeahmt, die Vögel dienen als Vorbild und Muster. Aber im Gegensatz zu den Vögeln fehlt den Menschen der Instinkt richtigen Verhaltens. Sie müssen den Umgang mit der neuen Technik erst lernen. Nicht die Technik versagt, sondern der unerfahrene Mensch. Es geht weder um Hybris noch um Verteufelung der Technik, es geht um Schuld und Strafe. Dädalus lädt Schuld auf sich, weil er schon bei der Verfertigung der Flügel hätte erkennen können und müssen, dass Ikarus noch zu jung, zu verspielt, zu unreif ist, um verständig handeln zu können.

Ikarus lebt im Namen des Meeres, in das er gestürzt ist, und im Namen der Insel, auf der er begraben ist, fort. Ikaría heißt die Insel, sie liegt unweit von Samos. Ikarisches Meer nennt man einen Teil der östlichen Ägäis. Er umfasst die Inseln Ikaría, Samos und Patmos. Der Körper des Kindes sublimiert sich in die Namen der Erinnerungsorte. Das ist die Metamorphose des Ikarus.

Mehrfach deutet der Dichter auf die Katastrophe voraus. Er will keine Spannung erzeugen, vielmehr Emotionen wecken. Inhalt und Gestaltung der Erzählung gleichen einer Tragödie, sie erregen Furcht und Mitleid. Der Leser teilt die Furcht des Vaters vor dem Scheitern, er leidet mit dem Vater, der weint und dessen Hände zittern, und er empfindet Mitleid mit ihm, als er nach seinem ins Meer gestürzten Sohn ruft. Er ist wie die Helden der Tragödie schuldig geworden, aber sein Fehlverhalten ist menschlich und entschuldbar.

Ovids Geschichte hat in der Rezeption viele Deutungen erfahren. Pieter Brueghel d.Ä. (ca. 1525–1569) hat eine *Landschaft mit dem Sturz des Ikarus* gemalt. Die Menschen, der Bauer, der Angler und der Hirte schenken dem Sturz des Ikarus keine Beachtung. Ist ihnen der Tod eines Menschen keines Blickes wert?

Für den belgischen Schriftsteller Jean-Philippe Toussaint (geb. 1957) spiegelt sich in der Flucht des Dädalus und Ikarus aus dem kretischen Gefängnis das Schicksal der Migranten unserer Gegenwart und in Pieter Bruegels Bild „die Gleichgültigkeit der Allgemeinheit" gegenüber denen, die auf der Flucht „im zeitlosen Mittelmeer" sterben. Toussaint lebt zeitweise auf Korsika. Mit dem Blick auf das Meer schreibt er über das Bild:

> Weder die Männer noch die Natur fühlen sich betroffen. Ist es heute wirklich so anders? Wer schaut auf die Migranten, die im Mittelmeer ertrinken, wer interessiert sich für sie, wer kommt ihnen zu Hilfe? Das Gemälde zeugt von der Gleichgültigkeit der Allgemeinheit, ist es nicht immer noch aktuell?
> Der Ikarus auf dem Gemälde Bruegels ist ein Migrant. Er wollte aus dem Gefängnis in den freien Himmel fliehen, nach dem es ihn so sehr verlangte. Der Ort, an dem er mit seinem Vater lebte, war unbewohnbar geworden, sie träumten von einem unzugänglichen Anderswo. Aber sie wussten, dass der Landweg blockiert war. Überall erhoben sich Mauern, Grenzen, Zäune, die ihnen den Weg versperrten. Es blieb ihnen nur der Weg durch die Luft. Das Meer überfliegen und das Elend hinter sich lassen, welch schöne Idee! Am Ende kostspieliger und langwieriger Vorbereitungen, in deren Verlauf sie zwei riesige Flügel aus zusammengetragenen Vogelfedern anfertigten, die sie vom Boden aufgesammelt und mit Wachs zusammengeklebt hatten, brachen Ikarus und sein Vater auf zu ihrem Exodus, begannen ihre Expedition über das Mittelmeer. Derart armselig gerüstet mit ihrem unstabilen Boot, schwangen sie sich auf, in der Hoffnung, einen sicheren Hafen auf der anderen Seite zu erreichen. Mit ihren Glücksschwingen auf den Schultern machten sie sich eines Nachts auf den Weg in eine bessere Zukunft, die Augen voller Hoffnung, mit eingeschnürtem Herzen, unter Einsatz ihres Lebens. Wir kennen das tragische Ende der Geschichte. Wahrscheinlich hat der Vater seinen Sohn nicht ausreichend vor den Gefahren der Überquerung gewarnt. Oder war der Sohn, berauscht wie ein Vogel so zwischen der unbekannten Meeresgischt und dem Himmel, zu übermütig und schließlich zu leichtsinnig?

Hat Ikarus seine Not herausgeschrien, als er sich verloren sah? Wie soll man das wissen, ein Gemälde macht keine Geräusche.

Toussain ist überzeugt:

Der Sturz des Ikarus geschieht in aller Stille. Er ist vom Himmel gefallen und ohne ein Geräusch im Meer untergegangen. Keiner hat etwas gehört, niemand seinen Sturz bemerkt. Keine der Personen wendet den Kopf hin zu der Stelle, an der Ikarus ein letztes Mal vor dem Untergehen mit den Beinen aufs Meer schlägt. Ikarus stirbt in aller Stille, in der Gleichgültigkeit der Allgemeinheit, wie so viele andere Flüchtlinge, die heute im zeitlosen Mittelmeer ertrinken, das ich vor meinen Augen habe.

(Frankfurter Allgemeine Sonntagszeitung vom 16.12.2018, S. 50).

Pieter Bruegel der Ältere: Landschaft mit dem Sturz des Ikarus (entstanden zwischen 1555–1568)

Florentius Schoonhovius (1594–1648) sieht in dem Schicksal des Dädalus die Strafe für seine Hybris. Wer allzu Großes wagt und die Himmelstür zu durchbrechen versucht, stürzt ins Dunkel.

Georg Kolbe (1877–1947) hat zwischen 1917 und 1919 eine Bronzefigur geschaffen, die einen abgestürzten Ikarus als ein Denkmal für einen gefallenen Krieger zeigt.

Auguste Rodin (1840–1914) stellt eine geflügelte Figur im Moment des Absturzes dar. Für ihn ist *der Sturz des Íkarus* das Symbol eines Menschen, der in seinem Verlangen nach dem Unerreichbaren scheitert.

Sturz des Íkaros: Figur von Auguste Rodin

Ernst Jandl (1925–2000) würdigt die Größe des kühnen Wagnisses noch im Untergang:

Ikarus
Er flog hoch
über den anderen.
Die blieben im Sand
Krebse und Tintenfische.
Er flog höher
als sein Vater, der kunstgewandte
Dädalus.
Federn zupfte die Sonne aus seinen Flügeln.
Tränen aus Wachs tropften aus seinen Flügeln.
Ikarus flog.
Ikarus ging unter.
Ikarus ging unter
hoch über den anderen.

So lädt diese Geschichte zu immer neuen Deutungen ein und beweist damit ihre die Zeiten überdauernde Bedeutung.

Dädalus war ein Athener, wegen eines Mordes hatte er seine Heimat verlassen müssen. Seine Schwester hatte ihm ihren Sohn Perdix in die Lehre gegeben. Als sich herausstellte, dass der Junge außerordentlich begabt war, wurde der Lehrmeister neidisch und stürzte ihn von der Akropolis hinab in die Tiefe.

Daidalos war sicher nicht zufällig ein Athener, konnten die Athener doch mit ihm die Überlegenheit des attischen Erfindungsgeistes und der attischen Kunstfertigkeit bezeugen.

5.7 Der Tod des Minos und der Ruhm des Daidalos

Die Flucht des Daidalos endete in Kamikos in Sizilien bei dem König Kokalos. Die Stadt lag im Gebiet von Akragas. Minos rüstete eine Flotte und machte sich auf die Suche nach dem Künstler. Er hatte eine Tritonmuschel bei sich und bot jedem reichen Lohn, dem es gelänge, einen Faden durch die Muschel zu ziehen. Alle, die es versuchten, versagten, bis Kokalos sich erbot, die Aufgabe zu lösen. Er beauftragte Daidalos, seinen Gast, sich des Problems anzunehmen. Der kluge Erfinder band einen Faden an eine Ameise, bohrte ein Loch durch die Spitze der Muschel und lockte das Tier mit Honig durch ihre Spiralgänge. Minos zweifelte nicht daran, dass da ein Genie am Werk gewesen sei und forderte die Auslieferung des findigen Künstlers. Kokalos gab vor, die Forderung erfüllen zu wollen.

Er lud zu einem Treffen ein und versprach dem Minos, alle seine Wünsche zu erfüllen, und nahm ihn als seinen Gastfreund bei sich auf. Als Minos sich badete, tötete er ihn, indem er ihn eine geraume Zeit in dem heißen Wasser festhielt. Den Leichnam lieferte er den Kretern aus. Als Todesursache gab er an, Minos sei im Bad ausgeglitten, in das heiße Wasser gefallen und gestorben. Die kretischen Soldaten haben ihren König mit großer Pracht bestattet.

(Diodór – 1. Jh. v.Chr. –, 4, 78, 2).

Daidalos ist wohl in Sizilien gestorben. Über seinen Tod gibt der Mythos keine Auskunft. Sein Ruhm lebt nicht nur in den Mythen der minoischen Zeit weiter, sondern auch in dem Begriff der *daidalischen Plastik.* So nennt man die von Kreta beeinflusste Plastik des 7. Jahrhunderts v.Chr. Was man darunter versteht, erklärt Diodor:

Daidalos übertraf durch seine Begabung bei weitem alle Künstler. Er strebte nach der Meisterschaft in der Architektur und der Herstellung von Marmorskulpturen. Er machte viele Erfindungen, die zu Fortschritten in der Kunst führten, und schuf an vielen Orten der Welt bewundernswürdige Werke. Als Bildhauer übertraf er alle Künstler so sehr, dass die Nachgeborenen über ihn erzählten, die von ihm geschaffenen Statuen seien lebendigen Menschen sehr ähnlich. Sie sähen nämlich und liefen und zeigten überhaupt eine solche Haltung des ganzen Körpers, dass man glauben könnte, das geschaffene Wesen sei lebendig. Als erster habe er die Statuen sehend gemacht, als erster habe er ihnen ausschreitende Beine und ausgestreckte Arme gegeben. Es war nur folgerichtig, dass er von den Menschen bewundert wurde. Denn alle seine Vorgänger hatten die Skulpturen mit geschlossenen Augen geschaffen und mit herabhängenden Armen, die sich vom Körper nicht gelöst *hatten.* (4, 76).

5.8 Die verbotene Liebe der Phaidra

Phaidra, *die Glänzende*, hieß eine Tochter des Minos und der Pasiphaë, eine Schwester der Ariadne, aber so glänzend wie ihr Name war ihre Geschichte nicht. Verliebte Ariadne sich unglücklich in Theseus, so Phaidra unglücklich in Hippolytos. Nicht die Schwester, sondern sie war schließlich die Gattin des Theseus geworden. Der hatte einen Sohn, dessen Mutter eine Amazone war, mit in die Ehe gebracht, eben den Hippolytos. Theseus war inzwischen als Nachfolger seines Vaters Aigeus König von Athen geworden.

Als er einmal Athen wegen eines nicht ungefährlichen Unternehmens verlassen musste, brachte er den inzwischen erwachsenen Sohn und seine Ehefrau in die Obhut des Pittheus, des Königs von Troizen in der Peloponnes. Er war mit ihm befreundet.

Dort geschah es, dass Phaidra sich in ihren Stiefsohn verliebte. Wurde Ariadne damit belohnt, die Braut des Gottes Dionysos zu werden, so musste Phaidra ihre Liebe mit dem Tod büßen.

Euripides (484/480–406 v.Chr.) hat ihre Geschichte zum Sujet einer Tragödie mit dem Titel *Der bekränzte Hippolytos* gemacht. Sie ist 428 im Dionysostheater in Athen aufgeführt worden. Sie hat den ersten Platz belegt.

Phaidra wendet sich in ihrer Not an den Chor troizenischer Frauen:

Ihr Frauen von Troizén, die ihr
im letzten Vorhof dieses Landes wohnt,
dem Pelops seinen Namen gab,
ich habe auch schon früher oft
in langen Nächten nachgedacht,
wodurch das Leben von uns Sterblichen vernichtet wird.
Ich glaube nicht, dass Menschen deshalb Unglück widerfährt,
weil ihnen rechte Einsicht fehlt.
Denn viele haben doch Vernunft.
Man muss es vielmehr so betrachten: Das, was richtig ist,
erkennen und verstehen wir,
wir tun es aber nicht,
teils, weil wir träge sind,
teils, weil dem Guten eine andre Freude vorgezogen wird,
teils, weil wir gerne plaudern und gern müßig sind, ein Übel,
das erfreulich ist,
teils, weil wir Scham empfinden. Scham ist aber nicht gleich Scham:
Die eine stiftet nämlich keinen Schaden, doch die zweite lastet
auf dem Haus.
Nun fehlt uns die Erkenntnis, wie man richtig handeln muss,
und daher gibt es zwei in gleicher Schrift. (VV. 373–387).

Die Menschen sind sich darüber im Klaren, wie sie vernünftig und moralisch untadelig handeln müssten. Phaidra fragt, warum sie es nicht tun. Sie nennt eine Reihe von Gründen, zuletzt die Scham. Sie weiß, dass sie den Stiefsohn nicht begehren darf, und sie weiß zugleich, dass ihre Liebe stärker ist als die Einsicht. Es gibt die gute Scham, die vor den schlechten Handlungen bewahrt, aber auch jene andere, die der Mensch empfindet, der seinen Gefühlen unterliegt, der den moralischen Ansprüchen nicht gerecht wird. Diese Scham empfindet Phaidra. Sie ist sich dessen bewusst, dass die Rücksicht auf ihren guten Ruf, ihre soziale Stellung, die Verantwortung für ihren Mann, die Kinder und die Gemeinschaft ihr eine Zurückhaltung auferlegen, die sie nicht aufbringt. (VV. 407–430). In dieser Situation bleibt ihr nur der Selbstmord. Nur durch den Tod glaubt sie, ihre sittliche Integrität bewahren zu können. Sie will nicht gut scheinen, sie will es sein – und scheitert.

Sie gesteht der Amme ihre Liebe, die Amme vertraut das Geheimnis dem Hippolytos an. Der weist das Ansinnen mit Entsetzen von sich.

Phaidra fühlt sich entehrt, und sie fürchtet, Theseus werde von dem Geschehen erfahren. Sie muss, will sie ihren guten Ruf bewahren, handeln und sich töten. Nun gilt es, wenigstens gut zu scheinen. Sie befleckt ihre Tat mit einem schändlichen Abschiedsbrief, in dem sie Hippolytos vorwirft, ihre Ehe geschändet zu haben. Es ist das Potiphar-Motiv. (1. Mose/Genesis, 39, VV. 7ff.). Mit dieser Schuldzuweisung vernichtet sie ihren Stiefsohn.

Phaidras Versuch, wenigstens den Schein ihrer Ehre zu retten, scheitert. Die Göttin Artemis enthüllt die Wahrheit.

Die Nachwelt hat bis in die jüngste Zeit immer wieder über Phaidras Geschichte nachgedacht. Eine Tragödie des römischen Politikers, Philosophen und Dichters Seneca (ca. 1 v.Chr. bis 65 n.Chr.) trägt den Titel *Phaedra*, Jean Racines (1639–1699) *Phèdre* ist 1677 uraufgeführt und 1805 von Friedrich Schiller übersetzt worden. 1996 ist *Phädras Liebe*, ein Drama der britischen Autorin Sarah Kane (1971–1999), erstmals inszeniert worden und Hans-Werner Henzes (1926–2012) Konzertoper *Phaidra* hat 2007 ihre erste Aufführung erlebt.

Literatur

Friedrich Dürrenmatt: Minotaurus. Eine Ballade, Zürich (Diogenesverlag), 1996

Brigitte Hebel: Vidit et obstipuit, in: Altsprachlicher Unterricht (AU), 1972, S. 87ff.

Helmut Link: Das Labyrinth der Kathedrale von Chartres in unserem Schulhof, Flyer des Rabanus-Maurus-Gymnasiums Mainz, 1997

Nikos Kazantzakis: Rechenschaft vor El Greco, Berlin/München/Wien (Herbig), 1976

Robert von Ranke-Graves: Griechische Mythologie I und II, Quellen und Deutung, Reinbek bei Hamburg (Rowohlt), 1960

Marie-Luise Schmidt di Simoni: Kreta, Leichlingen bei Köln (Kurt Schroeder), 1977/78

Arn Strohmeyer: Im Labyrinth, in: Ulrike Frank (Hrsgin): Reise nach Kreta, Kulturkompass fürs Handgepäck, Zürich (Unionsverlag), 2009, S. 104–113

6. Kapitel

Der Palast von Phaistós und die Villa von Agia Triada

Inhaltsverzeichnis

6.1 Geschichte

Seit der neolithischen Zeit (etwa 4000 v.Chr.) ist die Gegend besiedelt. Aus der Vorpalastzeit (3200–2100 v.Chr.) hat man die Fundamente eines Rundbaus entdeckt.

Der erste Palast, der am Ende des 3. Jahrtausends errichtet wurde, ist mehrfach zerstört, ein im 17. Jahrhundert v.Chr. begonnener Neubau nie vollendet worden. Vielleicht hat man das Verwaltungszentrum damals in die Anlage von Agia Triada verlagert. Um 1450 v.Chr. endete die Epoche der Minoer mit der Zerstörung des Gebäudes, vermutlich durch die mykenischen Griechen. Die Gegend blieb aber weiterhin bewohnt.

Als der erste minoische Herrscher von Phaistós wird im Mythos Rhadamanthys genannt, ein Sohn des Zeus und der Europa, ein Bruder des Minos.

Im Trojanischen Krieg (um 1200 v.Chr.) hat, wie Homer (ca. 700 v.Chr.) in der *Ilias* berichtet, der kretische König Idomeneus die Griechen vor Troja unterstützt. In seinem Kontingent waren auch Truppen aus Phaistós. (2, VV. 645–652).

Seit dem 8. Jahrhundert entwickelte sich Phaistós zu einer bedeutenden Polis. Für Rheia, die Mutter des Zeus, wurde ein Tempel errichtet.

Um 500 soll hier der Seher Epimenides geboren worden sein, dem das berühmt-berüchtigte Diktum zugeschrieben wird, alle Kreter seien Lügner.

Im 2. Jahrhundert (ca. 180 v.Chr.) unterlag Phaistós seiner Rivalin, der Stadt Gortyn, die 67 v.Chr. der Verwaltungssitz des Statthalters der römischen Provinz wurde, und verlor seine Bedeutung. Gräber aus frühchristlicher Zeit weisen aber auf eine auch die Zeitenwende überdauernde Besiedlung hin.

Die Archäologen haben im Jahr 1900 ihre Tätigkeit aufgenommen. 1908 wurde der berühmte Diskos gefunden, über dessen Datierung man sich uneinig ist. Die Hypothesen umspannen einen Zeitraum vom 18. bis zum 14. Jahrhundert v.Chr. Die Tonscheibe ist von unregelmäßig runder Form und hat einen Durchmesser von 15,8 bis 16,5 cm. Sie ist zwischen 1,6 und 2,1 cm dick. Beide Seiten enthalten Stempeleindrücke, abstrakte Zeichen, Darstellungen von Geräten, Menschen und Tieren. Der Diskos gilt als *das älteste, mit beweglichen Lettern hergestellte Druckwerk der Welt* (H.T. Bossert). Eine allgemein anerkannte Entzifferung steht noch aus.

6.2 Ein Rundgang durch den Palast von Phaistós

Wir beginnen die Besichtigung auf dem repräsentativen *Westhof* (2), auf den eine Treppe von Norden hinabführt. Wir können uns lebhaft vorstellen, dass hier Feste gefeiert, Riten vollzogen, sicher auch Stierspiele veranstaltet wurden. Eine *Schautreppe* mit acht jeweils 20 cm langen Stufen begrenzt den Platz im Norden. Von der obersten Stufe aus verläuft *ein gepflasterter Weg* (4) hinab und quer über den Platz zu einem *Propylon des alten Palastes* (5), vielleicht ein Prozessionsweg. Eine Abzweigung nach Westen führt zu Zisternen. Es konnte kein Quellwasser in den Palast geführt werden, wie es in Knossós der Fall war. Von dem Propylon des alten Palastes gelangte man direkt in den Zentralhof.

Der neue Palast ist ca. 7–8 m nach Osten versetzt worden.

Eine 13 m breite *Treppe* mit zwölf Stufen, die im Nordosten im rechten Winkel an die Schautreppe angefügt ist, führt uns zu einem im Obergeschoss gelegenen *Propylon* (7) des neuen Palastes. Die Stufen sind zur Mitte konvex gewölbt, so dass das Regenwasser ablaufen kann. Mit derartigen leichten Krümmungen hat später der Architekt des Parthenon in Athen gearbeitet. In der Mitte des Eingangstors stand eine Säule, deren Basis noch sichtbar ist.

Zwei Türen führen zunächst in einen *schmalen Raum* (8), von dort in einen *weiteren Raum*, dessen Decke auf drei Säulen ruhte (9), und in einen *Lichthof* (10), unter dem sich die Magazine des alten Palastes befinden.

Blick auf Phaistós

PALAST VON PHAISTOS

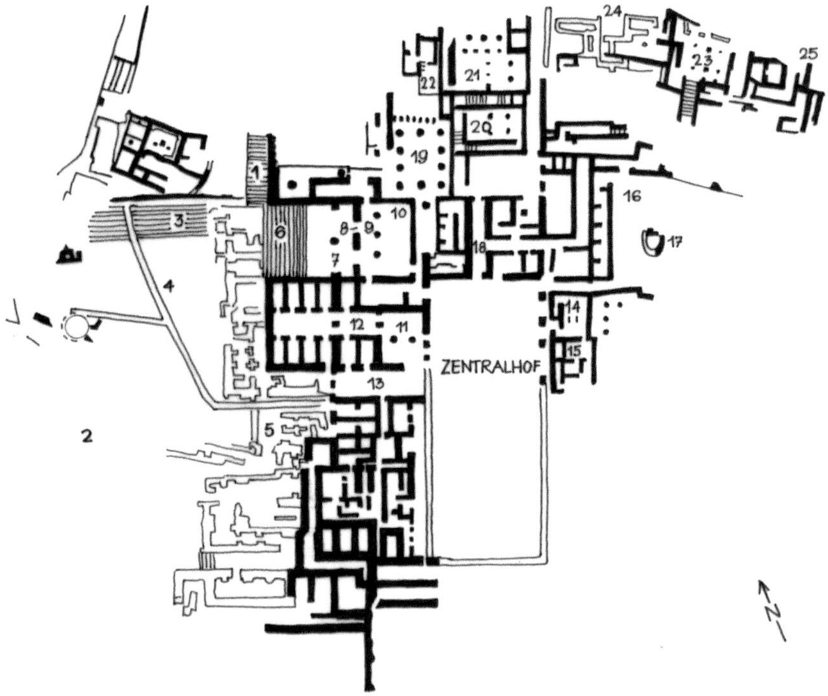

1 TREPPE
2 WESTHOF
3 SCHAUTREPPE
4 WEG
5 PROPYLON DES ALTEN PALASTES
6 FREITREPPE
7 PROPYLON
8/9 SCHMALE RÄUME
10 LICHTHOF
11 SÄULENHALLE
12 MAGAZINKORRIDOR
13 OSTWESTKORRIDOR
14 PFEILERRAUM
15 KULTBASSIN
16 WIRTSCHAFTSHOF ODER OSTHOF
17 SCHMELZOFEN
18 HAUPTEINGANG ZUM NORDFLÜGEL
19 PERISTYLSAAL
20 MEGARON DER KÖNIGIN
21 MEGARON DES KÖNIGS
22 KULTBASSIN
23 PFEILERHALLE
24 ARCHIVRÄUME
25 TÖPFERWERKSTATT

Von dem Propylon aus gelangen wir auf einer Treppe in den Nordtrakt, in dem das Königspaar wohnte.

Südlich des Propylons, im Westbereich des Palastes, liegen die Magazine, in die man vom Zentralhof aus durch eine *Säulenhalle* (11) gelangen konnte. Die sichtbaren Steinmetzzeichen sind dieselben wie in Knossós. Derselbe Bautrupp hat hier wie dort gearbeitet. Daraus lässt sich auf enge Beziehungen zwischen den beiden Palästen schließen. Die Pithoi sind reich verziert und mit Zeichen der Linear A-Schrift versehen. Die kleinen Hocker ermöglichten es den gewiss nicht groß gewachsenen Minoern, Wein, Öl und Getreide aus den Vorratsgefäßen zu schöpfen. In einer der Kammern steht eine Ölpresse. Ein Loch in der Mitte des Raumes sammelt in ein Gefäß, das überlief.

Südlich der Magazine stoßen wir auf einen *Korridor* (13), der vom Westhof in den Zentralhof führt. Mit ihm wurden die Magazine des alten Palastes überbaut.

Südlich des Korridors befanden sich Kulträume.

Der Zentralhof misst 46 x 22 m. Er war auf den beiden Längsseiten von Säulenhallen begrenzt.

Von dem Ostflügel, in dem man Wohnräume vermutet, sind nur ein *Pfeilerraum* (14) und ein *Kultraum* (15) erhalten. Im Südosten sind der Palast und ein Teil des Zentralhofes zur Ebene abgestürzt, in der man die minoische Stadt ausgegraben hat.

Vor der Ostfassade lag ein *Wirtschaftshof* (16), in dessen Mitte sich ein *Schmelzofen* (17) erhalten hat.

Die Privatgemächer der Herrscher dürften sich in dem nördlich an den Zentralhof angrenzenden, etwas tiefer gelegenen Bereich befunden haben.

Ein Korridor führt durch ein *Portal*, das verschließbar war, in das Innere (18).

Linker Hand treffen wir auf einen *Peristylsaal* (19), rechts gelangen wir über einen Hof mit Brunnen zu den oben erwähnten Privatgemächern, die durch Treppen miteinander verbunden waren, da sie auf unterschiedlichem Niveau lagen. Ein durch Säulen dreigeteilter, mit Alabaster ausgekleideter und mit Bänken ausgestatteter Raum gilt als das *Megaron der Königin* (20). Unter einer Öffnung im Dach wurde das Regenwasser in einem Bassin gesammelt. Die Römer haben später von einem *Compluvium* und einem *Impluvium* gesprochen. Alabaster haben die antiken Architekten nur in Innenräumen verwendet.

Eine Treppe führt in einen tiefer gelegenen, ebenfalls mit Alabaster ausgekleideten Pfeilersaal, der möglicherweise das *Megaron des Königs* (21) war. Er war der prächtigste Raum des Palastes. Er öffnet sich im Norden auf eine Galerie mit drei Säulen, die einen weiten Blick auf das

Idagebirge erlaubt. Der von den Bergen wehende kühle Nordwestwind sorgte auch im heißen Sommer für eine angenehme Kühle.

Namen wie *Megaron des Königs* oder *Megaron der Königin* sind natürlich – wie so vieles – hypothetisch. Wir sind auf unsere Phantasie angewiesen, wenn wir die Räume mit Leben erfüllen wollen.

Nach Westen führt ein Gang zu einem *Bassin* (22), einem Bad oder Kultraum.

In einem der sich östlich anschließenden Räume wurde der Diskos von Phaistós gefunden.

6.3 *Lebe wahrhaftig und gerecht*

Das Totengericht des Rhadamanthys

Wenn dieses Kapitel auch von einem Totenrichter und vom Tod zu handeln scheint, so trügt der Schein. Tatsächlich geht es um das Leben und um das Glück.

Der Ruhm des Rhadamanthys gründet sich nicht so sehr auf seine Lebens- und Regierungszeit in Phaistós als vielmehr auf seine Tätigkeit als Totenrichter, von der uns Platon (427–347 v.Chr.) in seinem Dialog *Gorgias* berichtet. Sokrates hat mit seinen Gesprächspartnern die Frage diskutiert, wie man leben muss, um glücklich zu sein. Am Schluss erzählt er einen Mythos, der das Ergebnis des rationalen Diskurses zugleich bestätigt und veranschaulicht:

Kronos, der Vater des Zeus, habe angeordnet, dass jeder Mensch sich an seinem letzten Lebenstag einem Gericht stellen müsse, bei dem Lebende über Lebende urteilten. Über dieses Verfahren hätten sich Pluton, der Gott der Unterwelt, und die Aufseher auf den *Inseln der Seligen* beschwert: Es würden zu viele ungerechte Urteile gefällt, wenn Körper und Kleidung die Seelen umhüllten. Da habe Zeus ihnen geantwortet:

> *Zuerst darf künftig niemand mehr im voraus wissen, wann er sterben wird. Denn jetzt wissen es die Menschen. Dem Prometheus habe ich schon gesagt, dass er das ändern soll. Ferner müssen die Menschen alle Umhüllungen ablegen und sich dem Gericht nackt stellen. Auch der Richter muss nackt sein, ein Toter. Gleich, nachdem ein Mensch gestorben ist, muss er mit nichts als seiner Seele nichts als die Seele des Toten anschauen, der ohne alle Verwandten vor ihn tritt und ohne all seinen Schmuck; den hat er auf der Erde zurückgelassen. Nur so kann ein gerechtes Urteil gesprochen werden. Ich habe das schon viel früher erkannt als ihr. Deswegen habe ich Söhne von mir als Richter eingesetzt, zwei aus Asien, Minos und Rhadamanthys,*

und einen aus Europa, Aiakos. Wenn diese drei gestorben sind, werden sie ihr Richteramt antreten und ausüben. Ort des Gerichts wird eine Wiese an einem Dreiweg sein, von dem zwei Wege abzweigen; der eine führt zu den Inseln der Seligen, der andere in den Tartaros. Die aus Asien ankommenden Verstorbenen wird Rhadamanthys richten, die aus Europa ankommenden Aiakos. Dem Minos werde ich den Vorsitz übertragen. Er soll entscheiden, wenn die beiden nicht übereinstimmen, damit das Urteil über den weiteren Weg derer, die gerichtet werden, möglichst gerecht ausfällt.

Wenn die Seele sich vom Körper gelöst hat, ist in ihr alles sichtbar, ihre Naturanlagen ebenso wie die Erfahrungen, die durch die Beschäftigung mit allen möglichen Gegenständen in ihr Spuren hinterlassen haben. Wenn die Seelen vor dem Richterstuhl erscheinen, die aus Asien ankommenden vor dem des Rhadamanthys, dann lässt Rhadamanthys sie nicht weitergehen. Er schaut sich die Seele eines jeden Menschen genau an, ohne zu wissen, wessen Seele sie ist. Oft, wenn er auf die Seele eines Großkönigs oder irgendeines anderen Königs oder eines Herrschers trifft, sieht er, dass nichts an ihr gesund ist, sondern dass sie von Geißelhieben zerschlagen und voller Narben ist, die von Meineiden und Ungerechtigkeiten herrühren und von all dem, was jede Handlung der Frevler der Seele eingeprägt hat. Er sieht, dass alles durch Lüge und Anmaßung krumm, dass nichts gerade ist, weil die Seele ohne Wahrheit aufgewachsen ist, und er sieht, dass sie durch Gewalt, Ausschweifung, Hochmut und Maßlosigkeit in hohem Maß verformt und hässlich ist.

Nachdem er sie betrachtet hat, schickt er sie geradewegs ins Gefängnis, wo sie, angekommen, ertragen muss, was sie verdient hat.

Der Mensch, der strafwürdig ist und zurecht von einem anderen bestraft wird, soll entweder besser werden und einen Nutzen erfahren oder als ein abschreckendes Beispiel für andere dienen, die, wenn sie seine Leiden sehen, aus Angst besser werden.

Unter denen, die von Göttern und Menschen bestraft werden, erwächst nur denen ein Nutzen, die heilbare Frevel begehen. Der Nutzen stellt sich allerdings sowohl auf der Erde als auch im Hades nur durch Leiden und Schmerzen ein; anders kann man von Unrecht nicht befreit werden. Diejenigen, die die schlimmsten Frevel begangen haben und dadurch unheilbar geworden sind, dienen als abschreckende Beispiele, sie selbst erfahren keinerlei Nutzen mehr, da sie ja unheilbar sind, aber andere erfahren Nutzen, wenn sie sehen, wie diese Frevler infolge ihrer Frevel für ewig die größten, schmerzlichsten und furchtbarsten Leiden erdulden. Diese Frevler sind dort im Hades, im Gefängnis, für die jeweils ankommenden Ungerechten regelrecht als Mahnungen zur Schau gestellt. ...

Trifft Rhadamanthys einen Frevler, dann weiß er über ihn nichts, weder, wer er ist, noch, von wem er stammt; er sieht nur, dass er schlecht ist. Wenn er das gesehen hat, schickt er ihn in den Tartaros. Er kennzeichnet ihn je nach dem, ob er heilbar oder unheilbar zu sein scheint. Sobald der Frevler im Hades angekommen ist, erleidet er, was er verdient.

Sieht Rhadamanthys aber – auch das kommt vor – eine Seele, die in ihrem Leben fromm und wahrhaftig war, vielleicht die Seele eines einfachen Bürgers, am ehesten jedoch, behaupte ich, die eines Philosophen, der sich in seinem Leben keiner anderen Aufgabe gewidmet hat als der, die einem Philosophen zukommt, dann freut er sich und schickt sie auf die Inseln der Seligen.

Genauso verfährt Aiakos. Beide tragen, wenn sie ihr Richteramt ausüben, einen Stab in der Hand. Nur Minos, der den Vorsitz führt, hat ein goldenes Szepter, wie Odysseus bei Homer sagt: „Recht sprach er den Toten, in der Hand ein goldenes Szepter."

(Od., 11, V. 569; Platon, Gorgias, 523 d–526 d).

Sehr viele Mythen erzählen von Göttern und Heroen und davon, wie diese in die Welt der Menschen hineinwirken. Sie sind nicht in dem Sinn wahr wie ein historisch beglaubigter Bericht, sie enthalten eine tiefere, existenzielle Wahrheit, sie beanspruchen eine Gültigkeit, die über den Tag hinausreicht. Sie sind in dem Sinn wahr, wie gläubige Juden und Christen die im Alten Testament überlieferte Schöpfungsgeschichte für wahr halten, die ihnen die Gewissheit vermittelt, sich als Geschöpfe Gottes von ihrem Schöpfer angenommen fühlen zu dürfen.

In dem Gespräch, an das sich der Mythos anschließt, ging es um nicht weniger als um die Frage, wie der Mensch leben muss, damit ihm das Leben gelingt, damit es sinnvoll ist und Glück schenkt.

In den homerischen Epen ist die Seele, die *psyché*, das Lebensprinzip. Sie ist zwar unsterblich, aber führt, wenn sie den Menschen nach seinem Tod verlässt, eine Existenz ohne Bewusstsein. Solange der Mensch lebt, ist sie die Kraft, die ihn bewegt, nach seinem Tod ist sie nur mehr bloße Bewegung, die nichts bewegt außer sich selbst.

Platon ist von Glaubensvorstellungen beeinflusst worden, denen zufolge die Seele viel mehr ist als nur Lebens- und Bewegungsprinzip: Sie ist es, durch die der Mensch Mensch ist. Sie kommt aber erst, wenn sie sich aus den Fesseln des Körpers befreit hat, ganz zu sich selbst. Die Aufgabe des Menschen ist es, sich schon im Leben auf diesen Zustand vorzubereiten, seiner würdig zu werden, ihn als Erfüllung zu ersehnen.

Der Philosoph erwartet und verlangt, dass der Mensch sich um sein Seelenheil sorgt, dass er seinen Blick auf das Jenseits richtet. Dazu bedarf es des stetigen Strebens nach sittlicher Vollkommenheit, eines philosophischen Lebens.

An einer Wegkreuzung, so erzählt der Mythos, muss sich die Seele nackt dem Gericht eines nackten Richters stellen. Die Wegkreuzung ist der Mittelpunkt der Welt. Zu ihr kommen die Seelen von Ost und West, von ihr gehen sie nach oben oder unten fort. Das Kreta des Minos gehört zum Osten. Das Zentrum des äußeren Kosmos ist zugleich der Mittelpunkt der inneren, geistigen Welt, der Ort, an dem unanfechtbar und gültig Recht gesprochen wird.

Der Richter belohnt und straft, aber auch die Strafe ist für alle, die nicht unheilbar krank sind, Belohnung, ist für sie nützlich und gut. Der These liegt eine Analogie der physischen und der sittlichen Existenz zugrunde, der zufolge sich ungerechte Handlungen ebenso schädlich auf die Seele auswirken wie Krankheiten auf den Körper. Strafe therapiert, zuweilen schmerzlich. Wer seine Verfehlungen bekennt, bereut, für sie geradesteht und wer die Bestrafung akzeptiert, fühlt sich, so wird angenommen, besser als jemand, der mit seinen Untaten lebt und sie zu verdrängen sucht. Worin aber besteht der Nutzen für die, die geheilt werden? Werden sie wiedergeboren? Das ergäbe einen Sinn.

Die unheilbar verderbten Seelen tragen zwar keinen Nutzen für sich selbst mehr davon, aber sie sind wie Sisyphos, Tantalos, die Danaïden abschreckende Beispiele für andere.

Der neue mythische Held ist kein Heros wie Herakles oder Theseus, es ist der Philosoph. Worin seine Aufgabe besteht, kann man nicht besser formulieren als mit den Worten, mit denen Sokrates in der platonischen Apologie die Menschen ermahnt:

> *Bester Mann, der du ein Athener bist, also in der im Hinblick auf Weisheit und Macht berühmtesten Stadt lebst, schämst du dich nicht, dich darum zu sorgen, dass du möglichst viel Geld hast und Ansehen und Ehre, dich aber nicht um Einsicht und Wahrheit kümmerst und dafür sorgst, dass deine Seele so gut wie möglich wird?* (29 d/e).

Der existenzielle Bezug des Mythos besteht in dem kategorischen Imperativ, gerecht und wahrhaftig zu leben, und das nicht nur, weil es ethisch geboten ist, sondern auch, weil es nützlich ist. Das Gute ist zugleich auch das Nützliche. Zu diesem Ergebnis war der Diskurs gekommen, dieses Ergebnis bekräftigt der Mythos.

Viele Religionen kennen die Vorstellung eines Totengerichts.

Im ägyptischen Totenbuch heißt es, dass Toth, der Schreibergott, alles Gute und alles Böse, das der Mensch in seinem Leben tut, in einem Buch verzeichnet und dass die Götter Horus und Anubis die Herzen der Toten wiegen.

Im Alten Testament berichtet das in der 1. Hälfte des 2. Jahrhunderts v.Chr. entstandene Buch *Daniel* von Thronen, die aufgestellt wurden und auf denen ein uralter Richter Platz nahm:

> *Sein Kleid war weiß wie Schnee und das Haar auf seinem Haupt wie reine Wolle, Feuerflammen waren am Thron und dessen Räder loderndes Feuer.*
> *Da ergoss sich ein langer feuriger Strom und brach vor ihm hervor.*
> *Tausendmal Tausende dienten ihm, und zehntausendmal Zehntausende standen vor ihm.*
> *Das Gericht wurde gehalten, und die Bücher wurden aufgetan.*
> (7, VV. 9/10, Übers.: M. Luther).

Der Apostel *Paulus* spricht von dem *Richterstuhl Gottes, vor den alle treten müssen*:

> *Denn es steht geschrieben: „So wahr ich lebe, spricht der Herr, mir sollen sich alle Knie beugen, und alle Zungen sollen Gott bekennen.“ So wird nun jeder von uns für sich selbst Gott Rechenschaft geben.*
> (Römer, 14, VV. 10–12; Übers.: M. Luther).

Von Christus, der von Gott zum Richter bestimmt ist (Apg., 10, V. 42) bekennen die Christen in ihrem Glaubensbekenntnis:

> *Er sitzt zur Rechten Gottes, des allmächtigen Vaters.*
> *Von dort wird er kommen,*
> *zu richten die Lebenden und die Toten.*

Sehr eindrucksvoll und ausführlich ist die Vision in der *Offenbarung des Johannes*, die aus der 2. Hälfte des 1. Jahrhunderts n.Chr. stammt:

> *Und ich sah einen großen, weißen Thron und den, der darauf saß; vor seinem Angesicht flohen die Erde und der Himmel, und es wurde keine Stätte für sie gefunden. Und ich sah die Toten, Groß und Klein, stehen vor dem Thron, und Bücher wurden aufgetan. Und ein anderes Buch wurde aufgetan, welches ist das Buch das Lebens. Und die Toten wurden gerichtet nach dem, was in den Büchern geschrieben steht, nach ihren*

Werken. Und das Meer gab die Toten heraus, die darin waren, und der Tod und die Hölle gaben die Toten heraus, die darin waren, und sie wurden gerichtet, ein jeder nach seinen Werken. Und der Tod und die Hölle wurden geworfen in den feurigen Pfuhl. Das ist der zweite Tod: der feurige Pfuhl. Und wenn jemand nicht gefunden wurde geschrieben in dem Buch des Lebens, der wurde geworfen in den feurigen Pfuhl.

(20, VV. 11–15; Übers.: M. Luther)

Alle diese Texte wollen nicht anders als der platonische Mythos die Menschen dazu ermahnen, das Ende des Lebens zu bedenken und ein gottgefälliges Leben zu führen.

Die wohl berühmteste bildliche Darstellung des Jüngsten Gerichts hat Michelangelo 1541 mit seinem Fresko in der Sixtinischen Kapelle in Rom geschaffen. Zur Linken Christi stürzen die Verdammten in die Tiefe. Charon, der Fährmann, schlägt jeden mit seinem Ruder, der sich von ihm nicht über den Grenzfluss, der die Welt der Lebenden von der der Toten trennt, hinüberfahren lassen will. Am anderen Ufer des Flusses empfängt Minos die Verdammten. Er umgürtet sich mit seinem Schweif, wobei die Zahl der Umgürtungen anzeigt, in welchen Höllenkreis der Verdammte hinabsteigen muss.

6.4 Iphis aus Phaistós

Die Geschichte einer lesbischen Liebe

Es ist vielleicht kein Zufall, dass eine Geschichte, die von der lesbischen Liebe handelt, gerade auf Kreta angesiedelt ist, der Insel, die seit der Einwanderung der Dorer in besonderer Weise männlich dominiert war. Dort, wo die Frauen auf sich gestellt waren, mag das Bedürfnis, einander nahe zu sein, stärker ausgeprägt gewesen sein als anderswo.

Zu Phaistós hat die Geschichte keinerlei besonderen Bezug, sie könnte auch an jedem anderen Ort spielen. Einen Hinweis auf die Zeit gibt die Erwähnung der ägyptischen Göttin **Isis**, deren Kult sich in der hellenistischen Zeit in der griechischen Welt zu verbreiten begann.

Der römische Dichter **Ovid** (43 v.Chr. bis 17/18 n.Chr.) erzählt die Geschichte in seinen *Metamorphosen*, den *Verwandlungsgeschichten*, denn es geht um eine Verwandlung, genauer: um eine Geschlechtsumwandlung. Ein gewisser Ligdus stammte aus Phaistós. Er war ein freier, aber nicht sehr begüterter Mann. Als seine Frau Telethusa schwanger wurde, erklärte er ihr schweren Herzens und mit Tränen in den Augen, dass das Kind, falls es ein Mädchen sei, sterben müsse. Sein geringes Vermögen erlaube ihm nicht, es aufzuziehen und später mit einer Mitgift zu verheiraten.

Wenn Mädchen ausgesetzt oder gar getötet wurden, geschah das nicht, weil man sie für weniger wert erachtete als Jungen, sondern weil die sozialen Verhältnisse es erzwangen.

Schon stand die Geburt nahe bevor. Da erschien der Frau im Traum die Göttin Isis mit großem Gefolge, mahnte sie, ihrem Gatten nicht zu gehorchen und versprach ihre Hilfe. Die Frau vertraute ihr. Als sie ein Mädchen gebar, ließ sie das Kind am Leben, verheimlichte aber dem Vater sein Geschlecht. Es erhielt den Namen, den schon der Vater des Vaters getragen hatte. Es traf sich gut, dass er auf beide Geschlechter passte: Iphis. Die Mutter zog das Mädchen wie einen Jungen auf.

Als 13 Jahre vergangen waren, verlobte der Vater seinen vermeintlichen Sohn mit der blonden Ianthe, einer vielgerühmten Schönheit. Sie stammte ebenfalls aus Phaistós. Den Fortgang lassen wir uns von Ovid erzählen:

Liebe berührt die unerfahrene Brust der beiden,
beide verwundet sie in gleichem Maß, das Vertrauen
in die Zukunft aber ist ungleich: Ianthe wartet auf die
Ehe und die vereinbarte Hochzeit. Sie glaubt, das Mädchen,
das sie für einen Mann hält, werde ihr bald gehören.
Iphis liebt und weiß, er wird sie nicht besitzen.
Das vermehrt die Flammen, es brennt in dem Mädchen die Liebe
zu einem Mädchen. Mit Mühe hält er die Tränen zurück und
fragt: „Wie soll das für mich enden? Mich quält eine neue,
seltsame Art der Liebe, die noch keiner erfahren
hat. Wenn die Götter mich schonen wollten, dann hätten sie mich auch
schonen müssen. Wenn sie mich aber vernichten wollten,
hätten sie mir wenigstens ein natürliches Leiden,
das der Sitte nicht widerstreitet, geben müssen.
In der Kuh brennt keine Liebe zur Kuh, in der Stute
nicht zur Stute, der Widder liebt das Schaf, die Hirschkuh
folgt dem Hirsch, und so verbinden sich die Vögel.
In der belebten Natur wird niemals ein weibliches Wesen
Liebe zu einem anderen weiblichen Wesen empfinden.
Wenn ich doch tot wäre! Nur, damit Kreta alle Monster
trägt, hat die Tochter des Gottes der Sonne sich in einen
Stier verliebt – als Frau immerhin in ein männliches Wesen;
meine Liebe – will ich die Wahrheit gestehen – zeugt von
größerem Wahnsinn. Hatte Pasiphaë doch die Hoffnung,
dass ihr Liebesverlangen erfüllt wird, durfte sie sich
doch mit List und als Kuh mit dem Stier vereinen. Der Stier, der
Ehebrecher, ließ sich von ihr täuschen. Selbst wenn
alle Klugheit der Welt hier zusammenströmte, selbst wenn

Dädalus mit seinen Wachsflügeln hierher zu uns flöge,
was wird er tun? Wird er mich etwa mit seinen gelehrten
Künsten aus einem Mädchen zu einem Jungen verwandeln?
Wird er dich verwandeln, Ianthe? Warum stärkst du
nicht deinen Sinn, fasst Mut, und schüttelst das törichte Feuer,
Iphis, ab, gegen das sich keine Hilfe bietet?
Sieh, als was du geboren bist, und täusche dich nicht
selbst, erstrebe, was die Götter erlauben, und liebe
das, was Frauen lieben dürfen. Hoffnung entfacht die
Liebe, Hoffnung nährt sie. Doch dir wird die Hoffnung
versagt. Dich
hält nicht Bewachung ab, die Geliebte zu umarmen,
auch nicht die ängstliche Sorge des Ehemannes und nicht die
Strenge des Vaters. Auch sie selbst versagt sich deinem
Werben nicht. Du gewinnst sie nicht, was auch geschehen
mag, du kannst nicht glücklich werden, so sehr sich die Götter
und die Menschen auch bemühen. Bisher war noch keiner
meiner Wünsche vergeblich. Gnädig gaben die Götter,
was sie vermochten. Was ich will, das will der Vater,
will sie selbst, und das will der künftige Schwiegervater.
Aber die Natur will es nicht, sie ist mächtiger als sie
alle. Sie ist es, die mir schadet, sie allein. Schon
naht die ersehnte Zeit, der Hochzeitstag ist nicht mehr
fern, und Ianthe wird die meine – und kann es doch nicht
werden. Mitten im Wasser werden wir verdursten.
Juno, die du die Ehe beschützt, und du, Hymenäus,
Gott der Hochzeit, sagt, warum ihr zu dieser Feier
kommt. Es gibt keinen Bräutigam, es feiern zwei Bräute.“

Eine Zeit lang gelingt es Telethusa, mit immer wieder neuen Ausflüchten die Hochzeit zu verschieben. Aber dann nimmt sie sich ein Herz und bittet Isis um Hilfe. Als sie den Tempel verlässt, folgt ihr Iphis mit größeren Schritten als sonst.

Und die weiße Farbe schwand aus dem Antlitz, und die
Kraft nahm zu, das Gesicht bekam schärfere Züge, kürzer
wurde das Haar und weniger gut geordnet. Plötzlich
war da viel mehr Schwung, als das junge Mädchen hatte ...
Du, gerade noch eine Frau, bist jetzt ein Junge.
Als am folgenden Tag das Licht mit seinen Strahlen
weithin den Erdkreis erleuchtet hatte, kamen Venus,
Juno und Hymenaeus zu dem Fest der Hochzeit.
Iphis gewann als junger Mann die geliebte Ianthe.
(9, VV, 720–762; 787–791; 795–797).

Man wird nicht viele antike Texte finden, in denen es um das Thema einander liebender Frauen geht. Der Begriff der *lesbischen Liebe* ist von Lesbos abgeleitet, der Heimatinsel der Dichterin Sappho (um 600 v.Chr.). Sie hat junge Mädchen auf die Ehe vorbereitet. Aus ihren Gedichten hat man eine erotische Beziehung der Lehrerin zu ihren Schülerinnen abgeleitet.

Iphis leidet, sieht sich von einer unnatürlichen Leidenschaft ergriffen, die ganz und gar nicht den gängigen Moralvorstellungen entspricht. Was natürlich ist, lehrt sie die Beobachtung der Tiere. Da gibt es, meint sie, keine Partnerschaften unter weiblichen Wesen. Selbst die Sodomie, Pasiphaës Vereinigung mit einem Stier, erscheint weniger ungeheuerlich als die Liebe eines Mädchens zu einem Mädchen. Sodomie führt wenigstens zu einer Befriedigung des Geschlechtstriebs.

Die gleichgeschlechtliche lesbische Liebe widerspricht nicht nur der Natur, sondern – meint Iphis – auch der göttlichen Ordnung. Für sie bilden die Vorgaben der Natur und die göttliche Satzung das Fundament der gesellschaftlichen Moralvorschriften.

In Übereinstimmung mit der Natur leben war die Lehre der stoischen Philosophen.

Der antiken Argumentation liegt ein sog. *naturalistischer Fehlschluss* zugrunde:

In der Natur gibt es keine lesbische Liebe.
Was es in der Natur nicht gibt, ist verwerflich.
Folglich ist die lesbische Liebe verwerflich.

Aber, wie wir heute wissen, stimmt schon die Voraussetzung nicht: Es gibt durchaus gleichgeschlechtliche Partnerschaften unter weiblichen Tieren. Die Natur bleibt sich gleich, unser Wissen von ihr verändert sich. Moral, die sich auf die Natur bezieht, steht auf schwankendem Grund.

Der Aspekt, dass die Sexualität final auf Zeugung ausgerichtet sein soll, der in der Debatte der Gegenwart eine Rolle spielt, hat in Ovids Text keine Entsprechung.

6.5 Ein Rundgang durch die Villa von Agía Triada

Die Villa liegt nur drei Kilometer von Phaistós entfernt. Sie ist kleiner als die Paläste und weist auch einen anderen Grundriss auf. Ein Bereich erstreckt sich von Norden nach Süden, ein zweiter von Osten nach Westen. Die Vermutung, dass der König von Phaistós in der Villa den Sommer verbracht habe, hat wenig für sich. Der Abstand zu Phaistós ist zu gering. Dass eine enge Beziehung bestand, beweist die Tatsache, dass es eine Straßenverbindung gab. Eine allgemein anerkannte Theorie der Nutzung der Villa steht noch aus.

PALAST VON AGIA TRIADA
1 KLEINER HOF
2 RÄUME MIT ZWEISÄULIGEM PORTAL
3 HEILIGTUM
4 MAGAZINTRAKT
5 HOF DER ALTÄRE
6 BREITE TREPPE
7 NORDRAMPE
8 MYKENISCHER PORTIKUS
9 EMPFANGSRÄUME
10 MYKENISCHES MEGARON
11 MINOISCHE MAGAZINE
12 MYKENISCHE LOGGIA
13 MYKENISCHES PROPYLON
15 MAGAZINTRAKT
16 WIRTSCHAFTSRÄUME
17 WERKSTATT
18 TREPPE
19 PORTIKUS
20 WOHNRAUM MIT WANDBÄNKEN
21 SCHLAFGEMACH
22 VIELTÜRIGE HALLE
23 TERRASSE
24 ARCHIV
25 KLEINER FRESKENRAUM
26 SCHATZKAMMER
27 PFEILERRAUM
28 STOA
29 BASTION
30 MARKT
N
NORDRAMPE (RAMPA DI MARE)
EINGANG
ALTE MINOISCHE STRASSE NACH PHAISTOS

Sie hatte ihre Blütezeit im 16. Jahrhundert v.Chr., blieb aber auch nach der Katastrophe von ca. 1450 v.Chr. bewohnt.

Der Name ist von einer kleinen aus der venezianischen Zeit (13. bis Mitte des 17. Jahrhunderts n.Chr.) stammenden Kapelle abgeleitet. Sie gehörte zu einem Dorf, das noch bis in das 19. Jahrhundert existiert hat.

Italienische Archäologen haben die Villa 1902–1914 freigelegt.

Wir betreten sie im Osten und gelangen durch ein *Portal* (2) auf einen mit Gebäuden umgebenen *Hof* (1). Das Gebäude im Süden war wohl ein *Heiligtum* (3). Der Stuckfußboden war mit Delphinen und Thunfischen bemalt. Bänke luden dazu ein, den Veranstaltungen auf dem Hof zuzuschauen. Den Westen nahmen *Magazine* (4) ein.

Westlich von ihnen öffnet sich ein *großer Hof* (5), auf dem man zahlreiche Votivfiguren aus der spätminoischen und mykenischen Zeit gefunden hat, tönerne Nachbildungen von Männern, Frauen und Tieren und das Modell eines minoischen Schiffes.

Der Hof wird im Norden durch den West-Ost-Trakt, im Westen durch den Nord-Süd-Trakt begrenzt. Im Nordosten führt eine *Treppe* (6) von der alten Straße zu der die Villa im Norden begrenzenden *Nordrampe*, der sog. *Rampa di Mare* (7). Man nimmt an, dass das Meer ursprünglich bis nahe an sie heranreichte.

Westlich der Treppe (6) sehen wir Reste einer *mykenischen Portikus* (8), mit der man die weniger massiven minoischen Grundmauern überbaut hat.

Weiter westlich schließen sich ein *Empfangsraum* (9) und ein großes *mykenisches Megaron* an (10) an, das durch einen Gang mit der *Portikus* (8) verbunden war. Es überbaute *minoische Magazine* (11), auf die wir von oben einen Blick werfen können. Im Süden schließt sich an das Megaron eine *Loggia* an (12).

Westlich davon sehen wir Spuren eines *Propylons aus mykenischer Zeit* (13).

Der südliche Teil des den Hof im Westen begrenzenden Trakts beherbergte südlich einer in das Obergeschoss führenden *Treppe* (18) *Werkstätten, Magazine* und *Wohnräume* des Personals (15–17). Reste von Weizen, Bohnen und Feigen haben sich erhalten. In einem der Räume hat man den aus Speckstein gefertigten *Prinzenbecher* gefunden, ein Prunkstück im Museum in Iraklion.

Durchqueren wir nördlich der Treppe eine Tür und wenden uns nach rechts, so erreichen wir einen *Wohnraum mit Bänken* (20), dessen Wände mit Alabaster ausgekleidet waren, und nördlich davon ein *Schlafgemach* (21). Eine Alabasterplatte diente vermutlich als Untergrund für eine Schlafstelle.

Agia Triada: Mykenische Siedlung und Markt

Prinzenbecher

Wenden wir uns nach links, so gelangen wir durch eine *Portikus* (19) in eine *Halle* (22) und von dort auf eine *Terrasse* (23), von der aus wir einen weiten Blick in die Landschaft und auf das Meer genießen können. Dieser Bereich war sicher den privilegierten Bewohnern vorbehalten.

Zwischen den Räumen 19 und 20 befindet sich ein Lichtschacht.

Im Norden der Portikus befindet sich ein *Raum* (24), der nach Ausweis der zahlreichen mit Linearschrift A versehenen Täfelchen wohl ein Archiv war. Pfeiler, nicht Wände, grenzen ihn nach außen ab.

Der kleine Raum rechts daneben (25) war mit einem Fresko geschmückt, das eine einen Fasan belauschende Wildkatze zeigt.

Der mit dicken Mauern geschützte Raum war die *Schatzkammer* (26). Sie war nur von oben zugänglich. Hier lagerten 19 Kupferbarren von je 29 kg Gewicht. Diese *Talente* waren das damals übliche Zahlungsmittel.

Die *Rampa di mare* (7) wird im Osten von einer hallenartigen *Stoa* (28) begrenzt.

Nördlich schließt sich ein Komplex an, den man wegen seiner dicken Mauern als *Bastion* bezeichnet (29).

Weiter nördlich führt eine Treppe auf einen länglichen Platz, auf dessen westlicher Seite ein Wohnviertel aus spätminoisch-mykenischer Zeit lag, während die Ostseite von Pfeilern und Säulen begrenzt war, hinter denen sich vermutlich Räume in zwei Stockwerken erhoben. Im unteren Stockwerk waren vielleicht Verkaufsräume untergebracht, so dass man von einem *Markt* (30) sprechen könnte.

Verlassen wir den Platz im Norden und wenden uns nach Osten, so gelangen wir zu einer Nekropole. Zwei Rundgräber, deren eines die sterblichen Überreste von ca. 150 Toten barg, werden in die frühminoische Zeit datiert. In einem der aus spätminoischer Zeit stammenden Kammergräber hat man den Kalksteinsarkophag entdeckt, dessen Wände mit Fresken bemalt sind, die Opferszenen zeigen. Er befindet sich im Museum in Iraklion.

Literatur

Michael Bordt: Platon, Freiburg i.Br. (Herder), 1999, S. 136–139

Joachim Dalfen: Platons Jenseitsmythen. Eine „Neue Mythologie"?, in: Markus Janka/Christian Schäfer (Hrsg.): Platon als Mythologe. Neue Interpretationen in Platons Dialogen, Darmstadt (WBG), 2002, S. 214–230

Theo Kobusch: Wie man leben soll: Gorgias, in: Theo Kobusch/Burkhard Mojsisch: Platon. Seine Dialoge in der Sicht neuer Forschung, Darmstadt (WBG) 1996, S. 61–63

Josef Pieper: Über die platonischen Mythen, München (Kösel), 1995
Georg Rechenauer: Veranschaulichung des Unanschaulichen: Platons neue Rhetorik im Schlussmythos des Gorgias, in: Janka/Schäfer, a.a.O., S. 231–50
Marie-Luise Schmidt di Simoni: Kreta, Leichlingen bei Köln (Kurt Schroeder), 1977/78
Ottomar Wichmann: Platon. Ideelle Gesamtdarstellung und Studienbuch, Darmstadt (WBG), 1966, S. 151–171

7. Kapitel

Malia, Kato Zakros, Gourniá

Inhaltsverzeichnis

7.1 Malia

Malia steht für den Namen eines sog. Palastes, der wie die anderen sog. Paläste ein Verwaltungszentrum war. Der Name ist nicht antik, er ist von der Topographie abgeleitet: *homalós* heißt *eben*. Der Palast liegt in einer Ebene. Sie wird von dem Berg Dikti beherrscht, der die Höhle birgt, in der Zeus geboren worden sein soll.

Herrscher soll dem Mythos zufolge Sarpedon gewesen sein, ein Bruder des Minos und des Rhadamantys, wie dieser ein Sohn des Zeus und der Europa.

Ein erster Palast, der zwischen 2000 und 1900 v.Chr. erbaut wurde, ist wie die anderen Paläste ca. 1700 zerstört worden, vermutlich durch ein Erdbeben.

Auf dem unzerstörten Teil des Westflügels hat man einen Neubau errichtet, der bis ca. 1450 v.Chr. existierte. Er war kleiner als die Komplexe in Knossós und Phaistós, und er war weniger repräsentativ ausgestattet. Er war nur zweistöckig, die Wände waren nicht bemalt, Alabaster ist nicht verwendet worden, es fehlt das, was man als *Theater* bezeichnet.

Der Palast lag inmitten einer Stadt, die dank ihrer Lage ein wichtiger Umschlagplatz für den Handel mit den ägäischen Inseln war und zugleich eine Verbindung zwischen dem Osten der Insel und ihrem Zentrum herstellte.

Seit 1921 führt die Französische Archäologische Schule Ausgrabungen durch.

Noch außerhalb des Palastes entdeckte man nördlich des Haupteinganges einen 30 m x 40 m großen Platz, dessen Funktion man nicht kennt. Man nennt ihn *Agora*, Markt.

Blick auf Malia

PALAST VON MALIA

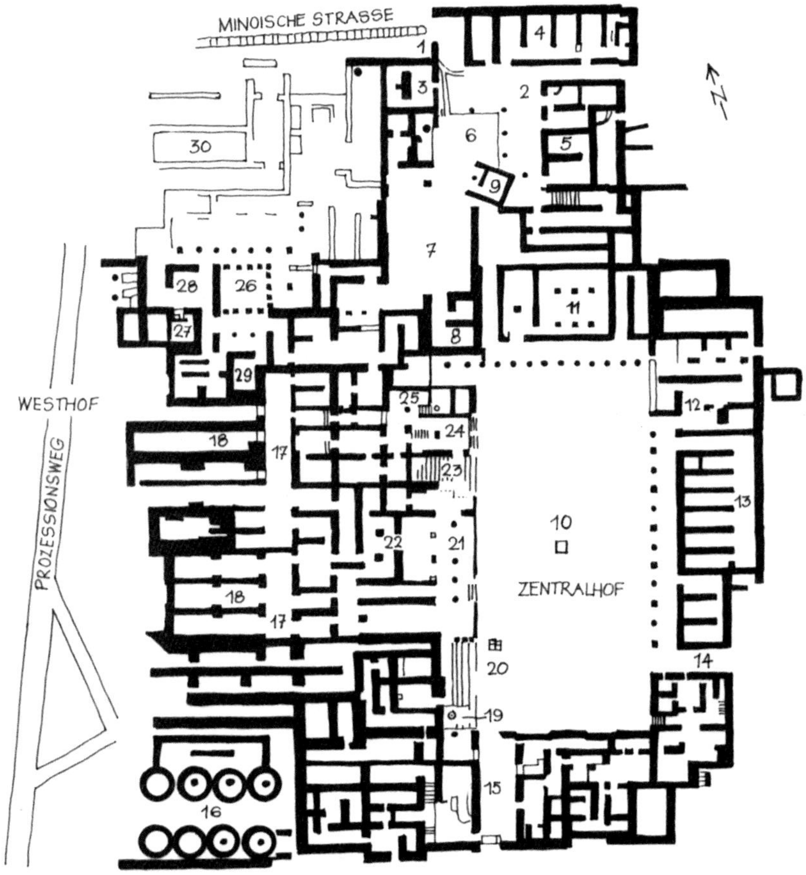

1 NÖRDLICHE EINGANGSHALLE
2 PORTIKUS
3 MAGAZINE
4 MAGAZINE
5 MAGAZINE
6 VORHOF
7 HOF DES TURMS
8 ARCHIV
9 SPÄTMINOISCH-MYKENISCHES HEILIGTUM
10 ALTAR
11 PFEILERSAAL
12 KÜCHEN- UND WIRTSCHAFTSTRAKT
13 OSTMAGAZINE
14 OSTEINGANG
15 SÜDEINGANG
16 RUNDBAUTEN
17 NORDSÜDKORRIDOR
18 WESTMAGAZINE
19 KERNOS
20 SCHAUTREPPE
21 VORHALLE
22 PFEILERKRYPTA
23 TREPPENHAUS
24 LOGGIA
25 KÖNIGLICHES GEMACH
26 MEGARON DES KÖNIGS
27 KULTBASSIN
28 VORRAUM
29 ARCHIV
30 ALTER PALASTTRAKT

Rundgang

Ein Prozessionsweg führt von Süden an der Westfassade entlang auf eine von Westen kommende Straße. Folgen wir ihr nach Osten, stoßen wir auf die *nördliche Eingangshalle* (1). Zwei große Pithoi mit Reliefmustern, die wie die für den Transport angelegten Schnüre wirken, dienen als Wegmarkierungen.

Die südlich gelegene *Säulenhalle* (2) wird von *Magazinen* (3, 4, 5) begrenzt.

Über einen *Vorhof* (6) erreichen wir einen *Innenhof* (7). Im Süden gibt es einen Eingang zu einem *Archivraum* (8). Von ihm wenden wir uns nach Osten und gelangen – vorbei an einem Heiligtum – durch einen nach Süden führenden Gang schließlich in den 50 m x 22 m messenden *Zentralhof* (10). In seiner Mitte stand ein Brandopferaltar. Etwas Vergleichbares gab es in den anderen Palästen nicht. Der Hof war im Norden von einer Säulenhalle, im Osten von einer Wandelhalle begrenzt, in deren Front sich Pfeiler und Säulen abwechselten.

Hinter der Säulenhalle befindet sich im Norden ein *Pfeilerraum* (11).

Hinter der Wandelhalle im Osten lagen *Küchen-*, *Wirtschaftsräume* und *Magazine* (12, 13). Die Magazine waren von einem östlich in Nord-Süd-Richtung verlaufenden Korridor aus zugänglich.

Ein *Zugang* von außen (14) in den Zentralhof trennt die Magazine von den südlich gelegenen Räumen des Personals.

Ein weiterer *Zugang* (15) führt von Süden in den Zentralhof.

Westlich von diesem Zugang, im Südwesten des Westtrakts, stoßen wir auf acht *Rundbauten* mit einem Pfeiler in der Mitte (16), vermutlich ursprünglich überdachte Getreidesilos. Der Palast erhielt sein Wasser von einer Quelle. Deswegen ist die Deutung der Silos als Zisternen weniger wahrscheinlich. Eine Abzweigung des Prozessionsweges führt auf die Rundbauten zu.

Der Westtrakt ist durch einen *Nord-Süd-Korridor* (17) in zwei Bereiche geteilt. Westlich von ihm befinden sich *Magazine* (18).

Die östlich des Korridors gelegenen Kulträume besichtigen wir vom Zentralhof aus. Die auf den Zentralhof blickende Westfassade war gegenüber den anderen Seiten des Hofes besonders hervorgehoben.

Im Südwesten liegt, südlich einer *Schautreppe* (20), ein sog *Kernos*, eine runde Steinplatte, die einem Mühlstein gleicht mit 34 kleinen Vertiefungen um ein tieferes Loch in der Mitte. Sie hat einen Durchmesser von ca. 1,25 m. Vermutlich hat man Erstlinge von Samen und Früchten als Opfergaben für die Erd- und Fruchtbarkeitsgöttin in sie hineingelegt. Eine prosaische, weniger wahrscheinliche Deutung sieht in ihnen Spielsteine. Man hat mehrere solcher Steinplatten gefunden.

Getreidesilos

Kernos

Nördlich der Freitreppe kommen wir durch eine *Vorhalle* (21) in eine *Pfeilerkrypta* (22), die als das Hauptheiligtum gedeutet wird. Der Altar ist auf sie ausgerichtet worden. An die Treppe schließt sich eine sog. *Loggia* an. Wir können uns gut vorstellen, dass sich der Herrscher von hier aus an die im Hof versammelte Menge wenden konnte.

Nördlich führte eine *Treppe* (23) zum Piano nobile hinauf.

Die sich nördlich anschließende erhöht gelegene *Halle mit einem Pfeiler* (24) war vielleicht der Thronsaal.

Die in dem kleinen von ihm zugänglichen Raum gefundenen Gegenstände, ein Szepter und ein Schwert, lassen vermuten, dass es ein *königliches Privatgemach* (25) war.

Im Nordwesten identifiziert man Räume mit vielen Türen als das *Megaron des Königs* (26).

Die Räume westlich bezeichnet man von Norden nach Süden als *Vorraum (28)*, der mit einem *Kultraum (29)* verbunden ist, und als *Archiv* (29). In diesem Raum wurden Tontäfelchen mit Hieroglyphen gefunden.

Aus der frühminoischen Epoche stammt eine Nekropole, ein Bezirk, der ca. 30 m x 40 m misst. Er liegt zwischen dem Palast und dem Meer. Seinen Namen *Chrysólakkos – Goldgrube* verdankt er den wertvollen Gegenständen, die man hier gefunden hat. Zu ihnen gehört u.a. der goldene Anhänger in der Form zweier Bienen, die Honig in eine Wabe füllen. Zum Glück ist dieses einzigartige Schmuckstück den Grabräubern entgangen. (Siehe S. 22).

7.2 Kato Zakros

Der Palast, der wie die anderen sog. Paläste ein Verwaltungszentrum war, wurde ca. 1600 v.Chr. erbaut. Wenn er auch kleiner als die anderen Paläste war, so stand er ihnen an Bedeutung gewiss nicht nach. Seine Lage an der Ostküste der Insel war für den Handel mit Kleinasien und Ägypten ideal. Die Wohnstadt, die zu dem Palast gehörte, hat man ausgegraben, nicht aber den Hafen. Er war der Umschlagplatz, an dem Gold, Kupfer, Bronze und Elfenbein importiert und die aus den Rohstoffen hergestellten hochartifiziellen Erzeugnisse minoischer Künstler und Handwerker exportiert wurden.

Erst 1962 haben griechische Archäologen mit systematischen Ausgrabungen begonnen; sie dauern bis heute an.

Der alte Name ist nicht bekannt.

Vor dem *Eingang* (1) im Osten entdecken wir einen Bronzeschmelzofen mit Luftzuführungskanälen.

Durch den *Osthof* (2) und einen *Korridor* (3) gelangen wir auf den *Zentralhof* (4).

Bucht von Zakros

Schmelzofen

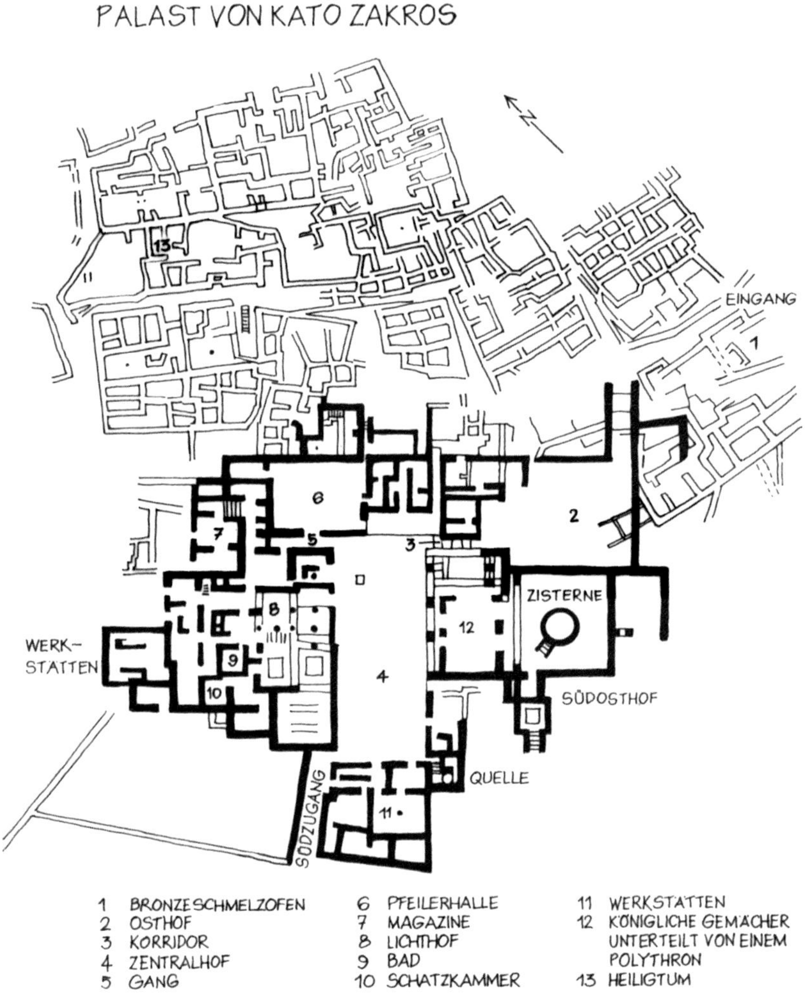
PALAST VON KATO ZAKROS
N
EINGANG
1
2
3
4
5
6
7
8
9
10
11
12
13
ZISTERNE
WERK-
STÄTTEN
SÜDOSTHOF
QUELLE
SÜDZUGANG
1 BRONZESCHMELZOFEN
2 OSTHOF
3 KORRIDOR
4 ZENTRALHOF
5 GANG
6 PFEILERHALLE
7 MAGAZINE
8 LICHTHOF
9 BAD
10 SCHATZKAMMER
11 WERKSTÄTTEN
12 KÖNIGLICHE GEMÄCHER UNTERTEILT VON EINEM POLYTHRON
13 HEILIGTUM

Bergkristallvase

Ein *Gang* (5) führt vorbei an einer *Pfeilerhalle* (6) in den Bereich der *Magazine* (7) und Wirtschaftsräume im Westtrakt.

Im Süden des Westtrakts liegen die Repräsentationsräume, von denen wir einen *Lichthof* (8), ein *Bad* (9) und eine *Schatzkammer* (10) sehen.

Den Südtrakt nahmen *Werkstätten* (11) ein. In der Südostecke ist ein *Wasserbecken* angelegt worden.

Die Herrscher wohnten im Osttrakt. An einen *mit Türen unterteilten Raum* (12) schließt sich östlich ein Hof mit einem Becken an. Dem Flügel war eine Säulenhalle vorgelagert.

Der Nordtrakt ist in mykenischer Zeit überbaut worden.

Sehr wertvolle Gefäße sind in dem Palast gefunden worden, u.a. ein Steinrhyton, ein Trinkbecher, auf dem ein Heiligtum zu sehen ist, und eine Bergkristallvase mit goldenem Rand und Henkeln aus Kristallperlen.

In einer nahe gelegenen Schlucht, die etwas westlich des Palastes endet, hat man eine Grabstätte entdeckt. Man spricht von dem *Tal der Toten*. Durch die Beigaben kann man die Gräber auf die Zeit von 2300 bis 2100 v.Chr. datieren.

7.3 Gourniá

Geschichte

In Gourniá erwartet uns kein Palast oder Verwaltungszentrum, sondern eine Siedlung. Anders als die Paläste vermittelt sie einen lebendigen Eindruck von der Art, wie die Menschen im 2. Jahrtausend v.Chr. gewohnt und gelebt haben. Man sollte es auf keinen Fall versäumen, sie zu besichtigen. Sie liegt an der Nordküste, dort, wo die Insel am schmalsten ist. Die Entfernung von Gourniás Hafen zu der an der Südküste gelegenen Hafenstadt Ierápetra (*Heiliger Fels*) beträgt nur 15 km, so dass man bequem Waren auf dem Landweg über die Insel transportieren konnte und den Ostteil der Insel nicht zu umfahren brauchte.

Die Ruinen, die man besichtigt, stammen aus dem letzten Jahrhundert vor der Katastrophe, die die Insel um 1450 v.Chr. heimgesucht und auch Gourniá zerstört hat. Der Ort war freilich schon früher, seit ca. 3000 v.Chr., besiedelt. Er war bis ca. 1200 v.Chr. bewohnt.

Ob er von einem Beauftragten eines in einem der Zentren residierenden Königs verwaltet oder von einem unabhängigen Herrscher regiert wurde, weiß man nicht.

Der Name ist modern. Das neugriechische Wort *gourní* bedeutet *Bassin, Tränke*. Die in großer Zahl gefundenen Tongefäße könnten namengebend gewesen sein.

Blick auf Gurnia

Ortsstraße

Amerikanische Archäologen haben zu Beginn des 20. Jahrhunderts mit den Ausgrabungen begonnen. Bisher ist nur ein kleiner Teil erforscht worden.

Rundgang durch den Ort

Der Ort liegt auf einer leicht erhöhten Bergkuppe und passt sich den geographischen Gegebenheiten an. Er war nicht befestigt. Gepflasterte Straßen durchziehen ihn in Nord-Süd- und in Ost-West-Richtung.

Im Südwesten des Ortes liegt ein Gebäude, in dem der Herrscher oder Ortsverwalter residierte.

Wir betreten diesen sog. Palast im Osten und gelangen auf einem Weg, der nach Süden abknickt, auf den Zentralhof (1) mit einem Steinaltar. Der Hof liegt an der höchsten Stelle.

In den Magazinen im Westen (2) hat man Pithoi gefunden. Der Hof ist von Herren- und Repräsentationräumen im Nordwesten (3) und den Damengemächern im Osten (4) umgeben.

Der Südtrakt war der Arbeitsbereich der Handwerker, die hier ihre Werkstätten hatten.

Nördlich dieses Komplexes lag ein *heiliger Bezirk*, wie man aus den Votivgaben schließt, die man hier gefunden hat, mit Schlangen umwundene Idole, Dreifüße, Doppeläxte.

Die Häuser, die sich links und rechts der mit Natursteinplatten gepflasterten Straßen erhoben, waren klein. Im Parterre befanden sich die Werkstätten und Lagerräume, in der ersten und zweiten Etage die Wohnräume, zu denen Treppen von der Straße hinaufführten. Ein anschauliches Bild vermittelt das Stadtmosaik von Knossós im Museum von Iraklion. Die Häuser waren vermutlich flach gedeckt, die Mauern in Fachwerktechnik erbaut.

Die Bewohner waren Fischer, Händler, Bauern und Handwerker. Man kann Werkstätten von Webern, Töpfern, Tischlern und Kupferschmieden identifizieren. In einem der Häuser wurde eine Ölfabrik betrieben.

GOURNIA
NORDEINGANG
EINGANG
HEILIGTUM
3
2
1
4
2
TREPPE
AGORA
N
1 INNENHOF
2 MAGAZINE
3 REPRÄSENTATIONSRAUM
4 REPRÄSENTATIONSRAUM

8. Kapitel

Lató

Inhaltsverzeichnis

8.1 Lage und Geschichte der Stadt: ein Rundgang

Lató liegt ca. 15 km westlich von Agios Nikólaos. Die Stadt wurde im 8./7. Jahrhundert v.Chr. von Dorern, die im 11. Jahrhundert in Kreta einzuwandern begonnen hatten, an der Stelle einer minoischen Siedlung gegründet. Mit ihrem Namen ehrt sie die Stadtgöttin Letó, die Mutter der Artemis und des Apollon, der Zwillinge, die sie von Zeus empfangen und auf der Kykladeninsel Delos geboren hatte. Sie lebt in Lató in dem der Geburtsgöttin Eileithyia geweihten Haupttempel weiter. Die Römer haben die Göttin von den Dorern übernommen und Latóna genannt.

Die Stadt ist, wie es für dorische Gründungen typisch ist, nicht am Meer gelegen, sondern im Landesinnern. Sie ist auf einem Sattel zwischen zwei Bergkuppen an einer strategisch günstigen, schwer zugänglichen Stelle erbaut worden. So war sie vor Überfällen geschützt, zudem dank mächtiger Mauern schwer einnehmbar. Von dort konnte man die Bucht, in der der Hafen, das heutige Agios Nikólaos, lag, leicht überblicken.

In der archaischen und klassischen Zeit war die Stadt nicht unbedeutend.

Am Ende des 3. Jahrhunderts v.Chr. gewann der Hafen eine größere Bedeutung, in der Stadt im Landesinneren blieben nur noch wenige Einwohner zurück. In frühbyzantinischer Zeit wurde Lató gänzlich aufgegeben, die Gebäude zerfielen.

Zu Beginn des 20. Jahrhunderts haben französische Archäologen mit Grabungen begonnen, die nach langen Unterbrechungen in den 60er Jahren des vorigen Jahrhunderts wieder aufgenommen wurden.

Die sichtbaren Ruinen stammen von Gebäuden des 5./4. Jahrhunderts v.Chr.

Lato

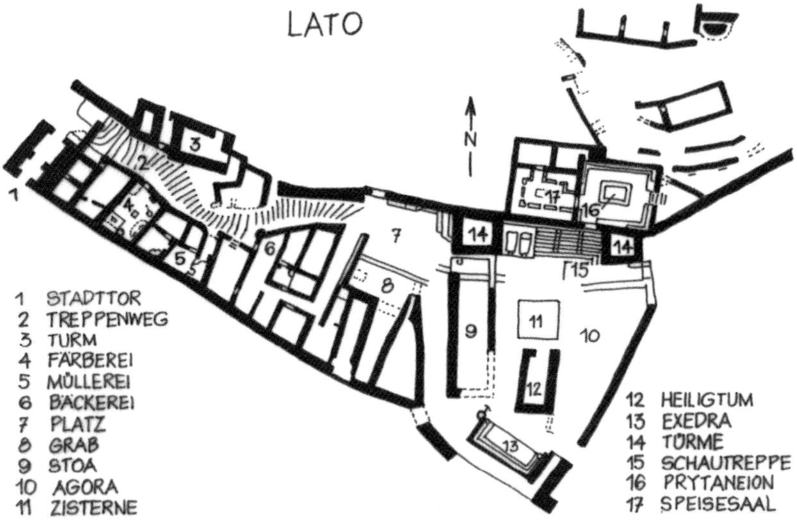
LATO
N
1 STADTTOR
2 TREPPENWEG
3 TURM
4 FÄRBEREI
5 MÜLLEREI
6 BÄCKEREI
7 PLATZ
8 GRAB
9 STOA
10 AGORA
11 ZISTERNE
12 HEILIGTUM
13 EXEDRA
14 TÜRME
15 SCHAUTREPPE
16 PRYTANEION
17 SPEISESAAL

Wir betreten die Stadt im Westen durch das *Stadttor* mit drei aufeinander folgenden Türen (1).

Folgen wir dem nach oben führenden *Treppenweg* (2), sehen wir links einen *Turm* (3). Rechter Hand reihen sich Werkstätten und Läden aneinander: Eine Zisterne, ein Trog und ein Wasserbassin weisen auf einen *Färber* hin (4), eine Mühle auf einen *Müller* (5), in dessen Nachbarschaft ein *Bäcker* seine Waren herstellte und verkaufte (6). Ihm standen nicht weniger als fünf Räume zur Verfügung.

Wir erreichen einen *Platz* (7), auf dem man ein *Grab* (8) entdeckt hat. Er wird im Osten durch eine *Stoa* (9) von der *Agora, dem Markt* (10), abgegrenzt, in dessen Mitte sich eine *Zisterne* (11) befindet.

Das südlich der Zisterne gelegene *Heiligtum* (12) war wohl der Göttin Latό geweiht.

Eine *Exedra* (13), eine durch zwei Stufen erhöhte Sitzbank, begrenzt die Agora im Süden. .

Ihr entspricht im Norden eine von zwei *Türmen* (14) flankierte *Schautreppe* (15), wie wir sie aus den minoischen Palästen kennen.

Oberhalb der Treppe liegen zwei mit Bänken ausgestattete Räume, die man als *Prytaneion*, d.h. *Ratssaal* (16) und *Speisesaal* interpretieren kann (17). Zwingend ist die Deutung freilich nicht. Die Verfassung erforderte jedenfalls derartige Räume, wie wir von Aristoteles erfahren.

Nicht nur Latό, sondern ganz Kreta ist von den Dorern besiedelt worden. Latό bietet uns die Gelegenheit, die Verfassung einer dorischen Stadt kennenzulernen.

8.2 Aristoteles über die Verfassung

Aristoteles (384–322 v.Chr.) berichtet in seinem Werk *Politiká* Folgendes:

> *Die kretische Verfassung stimmt mit der spartanischen überein. In der Landwirtschaft arbeiten Heloten für die Spartaner, Periöken für die Kreter. Gemeinschaftsmahle gibt es bei beiden. ... Die Ephoren haben in Sparta dieselbe Befugnis wie die* Ordner (*Kosmen*) auf Kreta. Der einzige *Unterschied besteht darin, dass fünf Ephoren dort zehn Kosmen hier entsprechen. Hier und dort gibt es einen Ältestenrat, auf Kreta heißt er Boulé, Rat. Auch auf Kreta gab es früher ein Königtum; die Kreter haben es abgeschafft; nun haben die Kosmen den Oberbefehl im Krieg. Alle Bürger nehmen an den Volksversammlungen teil, die aber keine andere Befugnis haben als die, den Beschlüssen der Kosmen und des Rates zuzustimmen.*

Die Kreter haben die Einrichtung der Gemeinschaftsmahle besser geregelt als die Spartaner. Bei den Spartanern zahlt jeder für seine Person einen festgesetzten Betrag, andernfalls verliert er per Gesetz sein Bürgerrecht. ... Auf Kreta wird das Mahl gemeinschaftlich finanziert. Denn aus allen Einkünften, die der Staat aus seinen Feldfrüchten und seinem Vieh erzielt sowie aus den Steuern, die die Periöken entrichten, ist je ein Teil für die Götter und die öffentlichen Aufgaben (leitourgíai) bestimmt, der dritte für die Gemeinschaftsmahle, so dass alle auf Staatskosten ernährt werden, Frauen, Kinder und Männer.

Der Gesetzgeber hat viele Bestimmungen erlassen, die sich auf die Mäßigung im Essen beziehen. Er tat es in der Überzeugung, dass es nützlich sei, Maß zu halten. Viele Bestimmungen beziehen sich auf die Trennung der Männer von den Frauen, damit sie nicht zu viele Kinder zeugen. Deshalb hat der Gesetzgeber die Homoerotik unter Männern eingeführt. ...

Die Kosmen werden nicht aus der ganzen Bürgerschaft gewählt, sondern nur aus bestimmten Geschlechtern, und die Ratsherren werden aus der Zahl derer gewählt, die Kosmen gewesen sind. ...

Dass die Amtsträger nicht zur Rechenschaft gezogen werden und dass sie (sofern sie in den Rat gewählt werden) *ihr Amt lebenslänglich bekleiden, sind größere Privilegien, als sie ihnen zustehen sollten. Dass sie nicht durch geschriebene Gesetze in ihrer Amtsführung eingeschränkt sind, sondern nach eigenem Ermessen handeln dürfen, ist eine gefährliche Regelung. Dass sich das Volk ruhig verhält, obwohl es keinen Anteil an der Regierung hat, ist ein Beweis dafür, dass die Verfassung gut ist.*

(1271 b 40–1272 a 40).

Aristoteles nennt die Verfassung eine Dynastie, d.h. eine Willkürherrschaft.

Die *Politiká* des Aristoteles sind neben Platons Schriften, dem *Staat (Politeia)*, den *Gesetzen (Nomoi)* und dem *Staatsmann* (*Potitikós*) das bedeutendste philosophische Werk der Antike über die Politik.

Aristoteles war ein Empiriker. Ausgangspunkt seiner Philosophie waren stets *die Dinge, die sich uns zeigen, ta phainómena*. So hat er auch im Bereich der Politik die in den Stadtstaaten bestehenden Verfassungen erst gesammelt und studiert, um dann eine in seinem Sinn ideale Verfassung zu entwerfen, in der es einen sich nach festgelegten Regeln vollziehenden Wechsel von Regierenden und Regierten gibt und in der die Regierenden rechenschaftspflichtig sind. Er nannte sie *Politeia,* das bedeutet *Staat* und *Verfassung.*

Nach diesem Maßstab beurteilt er die Verfassungen der dorischen Stadtstaaten Kretas, die er mit der spartanischen Verfassung vergleicht. Den spartanischen Heloten, den Nachkommen der von den Dorern unterworfenen Bevölkerung, die, politisch rechtlos, das Land bewirtschafteten, entsprachen auf Kreta die Periöken (Umwohner). Den Bürgern und Periöken waren die Sklaven untergeordnet.

Die Regierung lag in den Händen der Kosmen. Sie waren nicht nur, wie Aristoteles sagt, die obersten Kriegsherren, sondern sie waren auch für die Rechtsprechung und für die Angelegenheiten des Kults zuständig.

Das Prytaneion

Sie leiteten die Volksversammlungen. Das sog. *Prytaneion* wird vielleicht ihr Amtssitz gewesen sein.

Der Rat rekrutierte sich aus den ehemaligen Kosmen. Aristoteles spricht von einer Wahl. Offensichtlich war die Zahl der Ratsherren wie in Sparta begrenzt, so dass nicht jeder Kosme nach Ablauf seiner Amtszeit automatisch Mitglied des Rates wurde, um es bis zu seinem Tod zu bleiben. Über die Befugnisse dieses Gremiums äußert sich Aristoteles nicht. Es war wohl ähnlich einflussreich wie der Areopag in Athen. Er wird unter anderem die Tagesordnung für die Volksversammlungen erstellt haben. Es gab sicher ein Gebäude, in dem sich die Ratsherren zu versammeln pflegten, ein *Bouleutérion*, wenn man es auch bisher noch nicht hat identifizieren können.

Eine Besonderheit der dorischen Staaten waren die gemeinsamen Mahlzeiten der Männer (*syssítia, andreía; sítos* heißt *Mahlzeit, andreios männlich*). Sie fanden in einem öffentlichen Speisesaal statt. Die Bürger und ihre Söhne waren verpflichtet, an ihnen teilzunehmen. Aristoteles nennt als Quellen der Finanzierung die Erträge des Staates und die Steuern der Periöken. Sicher mussten sich auch die Bürger selbst durch einen Beitrag an der Finanzierung beteiligen. Wenn in diesem Zusammenhang die Frauen und Kinder der Bürger aufgezählt werden, so ist offenbar gemeint, dass der Staat für ihre Verpflegung aufkam. Das System bewahrte die Familien vor Verarmung.

Der Staat sorgte für Mäßigung und übernahm damit die Aufgabe moralischer Erziehung. Es war eine in der Antike weit verbreitet Auffassung, dass es Ziel aller staatlichen Maßnahmen sein müsse, die Menschen so tugendhaft wie möglich zu machen. Die Mäßigung (*sophrosýne, temperantia*) war eine der wichtigsten Tugenden, die in Sentenzen immer wieder eingeschärft wurde: *Nichts im Übermaß (medèn ágan), das Maß ist das Beste (métron áriston).*

Dass man die Kinderzahl reduzieren wollte, hing mit dem Erbrecht zusammen. Die Erbteilung führte dazu, dass die Güter von Generation zu Generation kleiner wurden. Zu viele Kinder gefährdeten mit der Zeit die Existenz der Familien. (Siehe das Kapitel über das Stadtrecht von Gortyn).

Die Homoerotik unter Männern ist ein gemeingriechisches Phänomen. Sie war nicht tabuisiert. Sie beschränkte sich nicht auf die Dorer, wurde aber durch die bei ihnen üblichen Gemeinschaftsmahle der Männer gefördert. Sie hat in den dorischen Gesellschaften eine größere Rolle gespielt als im übrigen Griechenland. Sie gehört in das Umfeld der Initiation der Jugendlichen. Es ging dabei auch um die Einübung von Tugenden. Die Jüngeren schlossen sich Älteren an, denen sie als ihren Vorbildern nacheiferten. Die Älteren mussten ihrerseits den Ansprüchen, die von den Jüngeren und von der Gesellschaft an sie gestellt wurden, genügen.

8.3 Platon über die Einrichtung der gemeinsamen Mahlzeiten

Platon (427–347 v.Chr.) erzählt zu Beginn seines Werkes mit dem Titel *Die Gesetze (Nómoi)*, dass sich drei Männer von Knossós aus zu einer gemeinsamen Wanderung aufmachen. Wir haben das im ersten Kapitel schon erwähnt. Die Männer, ein Kreter, ein Spartaner und ein Athener, nehmen sich vor, unterwegs miteinander darüber zu diskutieren, wie ein guter Staat organisiert sein müsse. Gleich zu Beginn stellt der Athener dem Kreter Kleinías eine Reihe von Fragen. Unter anderem möchte er wissen, warum das Gesetz den Kretern das Gemeinschaftsmahl vorschreibe. Kleinías sieht den Anfang und die Ursache im Krieg:

> *Der Gesetzgeber hat, wie mir scheint, alles im Blick auf den Krieg eingerichtet. Denn er hat zweifellos die Männer auch deshalb zu gemeinsamen Mahlzeiten zusammengeführt, weil ihm klar war, dass auf einem Feldzug die Umstände selbst aus Sicherheitsgründen dazu zwingen, während dieser Zeit die Mahlzeiten gemeinsam einzunehmen. Offensichtlich hat er die Torheit der Menge erkannt, die nicht begreift, dass alle sich ihr Leben lang gegenüber allen Staaten in einem Kriegszustand befinden. Wenn es nun im Krieg um der Sicherheit willen unumgänglich ist, dass die Mahlzeiten gemeinsam eingenommen werden und dass eine gewisse Anzahl von Befehlshabern und Soldaten eingeteilt sind, die Sicherheit zu gewährleisten, dann muss man es auch im Frieden so beibehalten.*
>
> *Was die meisten Menschen Frieden nennen, sei nach der Meinung des Gesetzgebers nur ein Name, tatsächlich befänden sich von Natur aus alle Staaten immer untereinander in einem Kriegszustand, ohne dass der Krieg offiziell erklärt werde.*
>
> *Wenn du es so betrachtest, wirst du fast durchgängig finden, dass der Gesetzgeber der Kreter alle Einrichtungen im privaten und im öffentlichen Bereich für uns im Hinblick auf den Krieg geschaffen hat; und er hat uns in diesem Sinn beauftragt, die Gesetze zu achten, da kein Besitz und kein Mittel von Nutzen sei, wenn man nicht im Krieg siege, und da alle Güter den Siegern zufielen, wenn man besiegt werde.*
>
> (625 e–626 b).

Die Erklärung, dass es gemeinsame Mahlzeiten zuerst im Krieg gegeben habe, ist sicher richtig. Dass Soldaten im Krieg gemeinsam essen, ist selbstverständlich. Die Besonderheit in den dorischen Stadtstaaten besteht darin, dass man die Gepflogenheit auch im Frieden praktiziert, weil man ständig auf der Hut sein müsse. Es gelte, sich permanent im Kampf aller gegen alle zu behaupten. Wer nicht siege, verliere alles.

Thomas Hobbes (1588–1679) hat in seinem *Leviathan*, wohl auch in Anlehnung an die zitierten Sätze des Kleinías, von einem Krieg aller gegen alle gesprochen: *bellum omnium contra omnes.*

Man kann sich leicht vorstellen, wie der Athener die Erklärung des Kreters zum Anlass nimmt, sie in einer philosophischen Untersuchung zu prüfen und zu widerlegen.

Diesen Dialog zu verfolgen, wäre zwar nicht uninteressant, würde aber den Rahmen dieses Kapitels sprengen.

9. Kapitel

Gortyn

Inhaltsverzeichnis

9.1 Lage und Geschichte

Wenn man vom Meer her kommt, liegen in der sonnendurchzitterten Messará zuerst Agia Triáda und Phaistós, minoische Ausgrabungsstätten, und dann, drei Stunden weiter zu Fuß, die Ruinen der griechisch-römischen Stadt Gortyn.

So beginnt das Kapitel über Gortyn (neugriechisch Gortys) in Erhart Kästners Kretabuch. (a.a.O., S. 35). Die von Bergen umgebene Ebene war in der Antike die Kornkammer Kretas, aber sie ist auch heute noch sehr ertragreich.

Das am östlichen Rand des Ortes gelegene Dorf Agii Deka, die Heiligen Zehn, verdankt seinen Namen zehn Männern, die unter dem römischen Kaiser Decius (249–251 n.Chr.) als Märtyrer gestorben sind. Sie sind heiliggesprochen worden. Ihr Fest wird am 23. Dezember auf der ganzen Insel gefeiert. Die Toten ruhen in einer kleinen Kapelle am Ortsausgang.

Spuren einer Besiedlung gibt es in Gortyn schon aus der neolithischen Zeit, 4000–3500 v.Chr. Stand der Ort in der minoischen und mykenischen Epoche noch im Schatten von Phaistós, so wuchs seine Bedeutung unter der Herrschaft der Dorer, die im 11. Jahrhundert v.Chr. in Kreta einzuwandern begannen. Homer (um 700 v.Chr.) erwähnt die Stadt zweimal. In der *Ilias* heißt es:

Führer der Kreter war Idomeneus, der speerberühmte
Held. Sie bewohnten Knossós und das ummauerte Gortyn.
(2, VV. 645/646).

Gortyn besaß an der Südküste zwei Häfen, Mátala und Lebéna.

Wie in dorischen Siedlungen üblich, war die Bevölkerung hierarchisch gegliedert: Innerhalb der Gruppe der freien Bürger (*eleútheroi*) kam den Aristokraten ein besonderer Rang zu. Sie stellten die Regierung. Diejenigen, die nicht zu einer Genossenschaft (*hetaireía*) gehörten, waren zwar frei, aber nicht im Besitz der Bürgerrechte. Unfreie, die die Güter (*oíkoi*) der Gutsherren bewirtschafteten, hießen *Voikoi* und *Voikai*. Sklaven waren in den Häusern der Reichen tätig oder arbeiteten im Dienst des Staates.

Es gab die Schuldknechtschaft, die Solon in Athen 594 v.Chr. abgeschafft hat.

Die Herrschaft übten zehn Ordner (*Kosmen*) aus. Sie wurden jeweils für ein Jahr von der Phyle, der sie angehörten, gewählt. Es gab drei oder vier Phylen, Sippenverbände. Da jedes Jahr eine andere Phyle zum Zug kam, ergab sich ein System der Rotation. Die Macht der Kosmen war praktisch unbegrenzt. Sie genossen während ihrer Amtszeit Immunität.

Es gab – wie in der demokratischen Verfassung Athens – einen Ältestenrat (*Boulé*) mit beratender Funktion, dessen Mitglieder ehemalige Kosmen waren. Sie gehörten ihm lebenslang an.

Die Befugnis der Volksversammlung (*ekklesía*) beschränkte sich darauf, den Beschlüssen der Kosmen zuzustimmen. Man darf davon ausgehen, dass sie auch das inschriftlich überlieferte Stadtrecht verabschiedet hat.

Die Verfassung Gortyns entsprach weitgehend der Spartas. (Aristoteles, Politik, 1271 b 20 bis 1272 b 22; vgl. das Kapitel über Lató).

Über die Erziehung der freien Jugend informiert uns Strabo, ein römischen Historiker und Geograph, der von 63 v.Chr. bis 23 n.Chr. gelebt hat. Er stützt sich auf ältere Quellen.

> *Damit nicht Feigheit, sondern Tapferkeit bei ihnen vorherrsche, ließ der Gesetzgeber sie von Jugend an unter Waffen und Beschwerden zusammen erziehen, so daß sie Hitze und Kälte, raue und steile Wege und Schläge auf den Übungsplätzen und bei den vorgeschriebenen Kämpfen verachteten. Er übte sie auch im Bogenschießen und Waffentanz. ... Sie sollten sogar kriegerische Kleidung und Schuhwerk tragen, und Waffen sollten für sie die wertvollsten Geschenke sein.*
>
> (10, 4, 16).

Perikles stellt in der von Thukydides überlieferten und gestalteten Rede, die er 431 v.Chr. gehalten hat, die Lebensweise der Athener dieser Erziehung, die schon die Kinder militärischer Zucht unterwirft, gegenüber:

> *Sie erziehen schon die Kinder durch militärische Übungen zu männlicher Tapferkeit, wir führen ein sorgloses Leben und be-*

> *gegnen mit nicht geringerer Tatkraft den Gefahren, die uns von gleich starken* Gegnern *drohen*. (2, 39, 1).

Aus der Zeit zwischen 500 und 450 v.Chr. stammt das Stadtrecht, die längste bekannte Inschrift und der älteste erhaltene Gesetzeskodex Europas.

Gortyn war damals eine der bevölkerungsreichsten Städte der Insel. Man schätzt ihre Einwohnerzahl auf 35 000–40 000. Sie entwickelte sich von ca. 350 v.Chr. an zur mächtigsten kretischen Stadt.

Im Jahr 190 hielt sich der Punier Hannibal, den die Römer 202 v.Chr. im 2. Punischen Krieg besiegt hatten, ein Jahr in Gortyn auf. 195 v.Chr. hatte er aus Karthago fliehen müssen. Seine Gegner hatten ihn angeklagt, mit den Römern zu kollaborieren. Sein Aufenthalt in Syrien bei dem König Antiochos III. hatte ebenfalls mit der Flucht geendet. Die Römer hatten seine Auslieferung gefordert. Über die Zeit in Gortyn berichtet der römische Historiker Cornelius Nepos (ca. 100–27 v.Chr.) in seiner Biographie Hannibals folgendes:

> *Hannibal kam nach Kreta zu den Gortynern, um sich darüber Gedanken zu machen, wohin er sich wenden sollte. Der Mann, der alle an Klugheit übertraf, erkannte, dass es, wenn er nicht Vorkehrungen träfe, wegen der Habsucht der Kreter gefährlich für ihn werden könnte. Denn er besaß viel Geld, und er wusste, dass das allgemein bekannt war. Deshalb verfuhr er folgendermaßen: Er füllte eine Anzahl Amphoren mit Blei, das er mit Gold und Silber bedeckte. Er deponierte die Gefäße in Anwesenheit der Honoratioren im Tempel der Diana und gab vor, dass er ihnen seine Habe auf Treu und Glauben anvertraue. Sie ließen sich täuschen. Indessen verstaute er seine gesamte Barschaft in ehernen Statuen, die er mit sich führte, und stellte sie in seinem Haus in einem Winkel des Vorhofs scheinbar achtlos ab. Die Gortyner bewachten den Tempel mit großer Sorgfalt, nicht so sehr aus Misstrauen anderen gegenüber als gegenüber Hannibal, er könnte sein Geld ohne ihr Wissen abholen und mit sich nehmen.*
>
> *Mit dieser Täuschung schützte der Punier seinen Besitz vor dem Zugriff der Kreter. Von Gortyn begab er sich nach Bithynien zu Prusias.* (Kap. 9/10).

Dass die Kreter Lügner waren, haben wir schon erfahren, dass sie auch als habgierige Diebe galten, lernen wir jetzt.

67 v.Chr. brachten die Römer Kreta unter ihre Herrschaft. Gortyn wurde die Hauptstadt der von einem Proprätor im Auftrag des Senats verwalteten Provinz. Unter Augustus wurde Kreta mit der Kyrenaika zu der Provinz *Creta et Cyrene* vereinigt.

Gortyn: Odeon

In den beiden ersten Jahrhunderten nach Christus erlebte die Stadt eine Blütezeit.

Strabo nennt sie die mächtigste Stadt nach Knossós. (10, 4, 11).

Es entstanden prächtige Bauwerke. Für Rom war die Messará ein wichtiger Getreidelieferant.

Von Gortyn aus wurde die Insel christianisiert. Nach der christlichen Tradition war Titus der erste Bischof. Er soll auf die Insel gekommen sein, als das Schiff, das Paulus nach Rom bringen sollte, in einem Hafen Kretas ankerte. Der Apostel nennt ihn seinen *Gefährten und Mitarbeiter.* (2. Kor., 8, V. 23). Er ist der Adressat eines Briefes, der unter dem Namen des Apostels überliefert ist, aber sicher nicht von ihm stammt. Titus ist der Schutzheilige der Insel. Im 4. Jahrhundert ist er heiliggesprochen worden. Sein Schädel, eine wertvolle Reliquie, wurde, als die Türken 1669 Kreta eroberten, in die Markuskirche nach Venedig gebracht. 1966 kehrte der Schädel auf die Insel zurück.

Noch heute existiert das Titularbistum *Gortyna.*

796 hat ein Erdbeben die Stadt fast völlig zerstört, 824 ist sie von Arabern, die aus Spanien geflohen waren, erobert worden. Danach hat sie sich nicht mehr erholt. Das heutige Iraklion wurde als neues Zentrum ausgebaut. Gortyns Bauwerke dienten den Bewohnern des Umlands als Steinbruch.

In den 80er Jahren des 19. Jahrhunderts begannen italienische Ausgrabungen, die aber nicht systematisch fortgesetzt wurden. Die minoischen Paläste zogen die Aufmerksamkeit auf sich. Nach langer Unterbrechung wurden die Arbeiten erst 1954 wieder aufgenommen.

9.2 Das Stadtrecht

Gute Gesetze bewirken, dass alles geordnet und recht ist.
Wer die Ordnung verletzt, der wird häufig bestraft.
Raues wird glatt, begrenzt der Überfluss, schwach der Hochmut,
wo die Verblendung blüht, ist sie bald schon verdorrt.
Krumme Urteile werden gerade, gelindert des Frevels
Folgen, und Werken des Streits wird ein Ende gesetzt.
Zorn, der aus schmerzlicher Zwietracht entsteht, wird beendet.
Sind die Gesetze gut, regelt sich alles klug.
(Solon, ca. 640–560 v.Chr., 3, Diehl, VV. 32 38)

Solon ist im Jahr 594 in Athen zum Archon und Schiedsrichter gewählt worden mit dem Auftrag, sozialen Frieden zu stiften. Er betont in dem Gedicht die Bedeutung, die guten Gesetzen zukommt, und die Verantwortung, die die Menschen für die Ordnung in ihrem Staat haben.

Inschrift des Stadtrechts

Die Gortyner haben zwischen 500 und 450 v.Chr. ihr Stadtrecht kodifiziert. Der Text ist zum großen Teil erhalten. Er ist der längste uns bekannte und der älteste erhaltene Gesetzeskodex Europas. Welche Ursachen die Kodifizierung ausgelöst haben, wissen wir nicht.

Nördlich der Titus-Basilika und des Marktplatzes, der Agora, liegt ein Odeon. Odeen sind Rundbauten, kleine Theater, die für Gesangsdarbietungen, Deklamationen und Vorträge genutzt wurden. Sie waren anders als die Theater überdacht. Das Odeon in Gortyn fasste ungefähr 400 Zuschauer. In der Innenseite der Wand der Säulenhalle (*Portikus*), die einen Teil des Zuschauerraumes umgibt, sind die Gesetzestafeln angebracht.

Sie stammen ursprünglich aus einem Gebäude, das sich auf der Agora erhob, auf der das Gericht zu tagen pflegte. Im 1. Jahrhundert v.Chr. sind sie in ein neues Gebäude versetzt worden, das – wohl durch ein Erdbeben – zerstört wurde. Die Römer bauten es im 1. Jahrhundert n.Chr. als Odeon wieder auf und fügten die Inschrift in den Bau ein. Die Tafeln dienten nun als Schmuckelemente, da die Römer den in dorischem Dialekt verfassten griechischen Text sicher nicht mehr lesen konnten. Im 3. Jahrhundert wurde der Bau umfassend restauriert.

Im Lauf der Zeit wurden die Steine teilweise herausgebrochen, verschleppt und in die Mauern einer Mühle verbaut. Dort fanden 1857 zwei Franzosen einen ersten Stein mit einem Text. Er befindet sich heute im Louvre in Paris. 1884 entdeckte man dann im Odeon die fast vollständig erhaltene Inschrift.

42 Steinblöcke sind in 12 Kolumnen unterteilt. Der Text ist in dem sog *ordo boustrophedicus (bus – das Rind, strepho – drehen)* verfasst, d.h. so, wie der Ochse pflügt: Die erste Zeile liest man von links nach rechts, die zweite in Spiegelschrift von rechts nach links und so weiter. Der Inhalt umfasst generelle privatrechtliche, strafrechtliche und prozessrechtliche Bestimmungen, die ein älteres, uns nicht bekanntes Gesetz ergänzten. Deshalb vermisst man eine systematische Gliederung.

Die Rechtsprechung oblag einem Einzelrichter, der vermutlich zu den zehn Kosmen gehörte. Er war im Hinblick auf die Strafzumessung, ausschließlich Geldstrafen, an die Bestimmungen des Gesetzes gebunden, hatte in gewissen Fällen aber einen Ermessensspielraum. Es gab keine Todesstrafe. Von einer Berufungsinstanz ist nicht die Rede. Nur die Parteien konnten Zeugen benennen. Klagerecht hatten Geschädigte. Die Verhandlung wurde mündlich geführt. Eide des Richters, der Parteien, der Zeugen hatten große Bedeutung. Die Eidesformel endete mit einer bedingten Selbstverfluchung.

An die Stelle des Faustrechts und der Selbstjustiz war der vor einem Gericht ausgetragene Rechtsstreit getreten.

Erhart Kästner hat in dem am Anfang des Kapitels zitierten Buch seiner Bewunderung für die Inschrift Ausdruck verliehen:

> *Wie ist es möglich! Die Buchstaben, zweieinhalb Jahrtausende alt, sehen aus, als seien sie gestern dem Stein eingemeißelt. Sie strahlen vor Friede und Modernität. Sogar der Stein, porös und narbig, dabei eisenhart, wirkt, als habe ihn ein neuzeitlicher Architekt nach unserem Geschmacke gewählt. Die Zeichen sitzen so scharf und frisch, dass es ist, als höre man noch das Ticken des Meißels. Mit Wohlgefühl tastet der Finger die Schärfen nach.*
>
> *Ach, wie wussten sie alles, wie waren sie überall Finder und Treffer und Meister! So gültig die Buchstaben dem Stein eingegraben sind, so wussten sie doch, es müsse der Schrift etwas Flüchtigkeit beiwohnen, ein Momentanes, die Schnelle des Gedankens zu bewahren. Die Zeichen eilen und fliehen, und keines gleicht in der Wiederkehr völlig dem anderen. Das macht diese Schrift vollkommen, das gibt diesem redenden Stein den pochenden Herzschlag. Jedem der Zeichen ist der gleiche Raum zugeteilt, immer dasselbe Quadrat für die schmalen und breiten, aber im vorgesehenen Felde gibt sich ein jedes im freien Spiel. Dies ist nun Recht und Gesetz. Aber wo ist in diesem Bild die Drohung, das Starre, der finstere Ernst? Wenn etwas, so ist dies monumental. Aber es kommt auf Taubenfüßen einher.* (a.a.O., S. 42/43).

Eine Glasscheibe schützt die Inschrift, so dass man die Schärfe der Buchstaben mit den Fingern nicht mehr nachtasten kann.

Fehlt im Bild vielleicht auch die Drohung, im Text ist sie, wie nicht anders zu erwarten, enthalten: Droht er doch jedem Frevler die verdiente Strafe an.

Die folgenden ausgewählten Abschnitte mögen einen Eindruck des Gesetzestextes vermitteln.

Prozessrecht

Rechtsstreit um den Status eines Freien oder Sklaven: I, 1–18

Wer wegen des Status eines Freien oder Sklaven prozessieren will, der soll den Freien oder Sklaven vor dem Rechtsstreit nicht ergreifen. Wenn er ihn aber ergreift, soll der Richter ihn wegen des Freien zu zehn Stateren (20 Drachmen), *wegen des Sklaven zu fünf Stateren verurteilen, weil er ihn wegführt, und der Richter soll urteilen, dass er ihn binnen drei Tagen frei gebe. Wenn er ihn aber nicht frei gibt, so soll der Richter ihn verurteilen wegen des Freien zu einem Stater, wegen des Sklaven zu einer Drachme für jeden Tag, bis er ihn frei gibt. Die Anzahl der Tage soll der Richter unter Eid festlegen.*

Leugnet der, der ihn ergriffen hat, ihn ergriffen zu haben, so soll der Richter unter Eid entscheiden, wenn es keinen Zeugen gibt.

Wenn aber der eine behauptet, dass er ein Freier sei, der andere, dass er ein Sklave sei, so sollen die den Prozess gewinnen, die sagen, dass er ein Freier sei.

Ein Silberstater wog etwa 8,6 g. Den Kaufwert der Währung kennen wir nicht.

Strafrecht

Mann und Frau: Vergewaltigung: II, 1–16

Wenn ein Mann einen freien Mann oder eine freie Frau vergewaltigt, so werden ihm hundert Statere als Strafe auferlegt. ... Wenn aber ein Sklave einen freien Mann oder eine freie Frau vergewaltigt, so wird ihm das Doppelte auferlegt. Wenn ein Freier einen Voikeus oder eine Voikea vergewaltigt, beträgt die Strafe fünf Drachmen, wenn ein Voikeus einen Voikeus oder eine Voikea vergewaltigt, fünf Statere. Vergewaltigt ein Mann eine in seinem Haus lebende Sklavin, so werden ihm fünf Statere als Strafe auferlegt; war die Sklavin bereits entjungfert, beträgt die Strafe eine Obole; geschieht es am Tag, beträgt die Strafe eine Obole, sie beträgt zwei Obolen, wenn es nachts geschieht. Der Eid einer Sklavin hat mehr Gewicht.

Griechische Männer waren vielfach bisexuell. Sie unterhielten untereinander Beziehungen und waren verheiratet. Eine wichtige Rolle spielte ein ideeller Aspekt: Ein Jüngerer pflegte sich einem Älteren anzuschließen, dem er als seinem Vorbild nacheiferte. Der Ältere musste diesem Anspruch genügen, er hatte die Aufgabe eines Mentors und Erziehers. Homosexualität war bei den Griechen nicht tabuisiert.

Bei den Dorern pflegten die Männer die Mahlzeiten gemeinsam einzunehmen. Sie verbrachten also nicht nur im Krieg viel mehr Zeit miteinander als mit ihren Frauen.

Beachtlich ist der Schutz, der Frauen und sogar Sklavinnen gewährt wird. Die Familie sollte vor unehelichen Kindern geschützt werden.

Sklaven wurden härter bestraft als Freie. Sie durften ein Vermögen besitzen.

Dass dem Eid einer Sklavin Bedeutung zugemessen wurde, verdient hervorgehoben zu werden. Die Bestimmung bedeutet, dass der Richter ihrer Aussage folgen musste.

Privatrecht

Mann und Frau: Scheidung: II, 46–65

> *Wenn ein Mann und eine Frau sich trennen, soll sie das haben, was ihr gehört, d.h. das, was sie hatte, als sie zu ihrem Mann kam, und von ihrem Ertrag die Hälfte, wenn er aus ihrem Vermögen stammte, ... und fünf Statere, wenn der Mann an der Scheidung schuld ist. Wenn aber der Mann die Schuld leugnet, so soll der Richter unter Eid entscheiden. Falls sie aber etwas wegträgt von dem, was ihr nicht zusteht, so wird sie fünf Statere* (an den geschiedenen Ehemann) *zahlen, und sie soll das zurückgeben, was sie wegträgt und auf die Seite schafft.*

Die Scheidung konnte von der Frau ebenso verlangt werden wie vom Mann.

Die Mitgift war der Erbteil, den der Vater seiner Tochter vorab auszahlte, wenn sie heiratete. Sie sicherte die Frau im Fall einer Scheidung ab. Auf sie hatte der Mann keinen Zugriff. Die Ehefrau hatte im Fall der Scheidung außerdem einen Anspruch auf die Hälfte dessen, was das Paar gemeinschaftlich erwirtschaftet hatte. Es galt, bezogen auf die bewegliche Habe, Gütertrennung. Die Arbeit, die die Frau im Haus verrichtete, war der des Mannes, der außer Haus für den Lebensunterhalt sorgte, gleichwertig.

Offensichtlich durfte sich die Frau vor Gericht selbst vertreten.

Frauen hatten in Gortyn eine erheblich bessere Rechtsstellung als zum Beispiel die Frauen in Athen.

Geburt eines Kindes nach einer Scheidung: III, 45–52

> *Wenn eine Frau, die geschieden ist, ein* (in der Ehe gezeugtes) *Kind gebiert, so soll sie es mit drei Zeugen zum Haus des Mannes bringen. Falls er das Kind nicht annimmt, so soll es bei der Mutter bleiben, damit sie es entweder aufzieht oder aussetzt.*

Dem Brauch, Kinder auszusetzen, den es auch bei den Römern gab, hat erst das Christentum Einhalt geboten.

Erbteilung: IV, 24–47

Der Vater soll über die Kinder und über das Vermögen verfügen und über die Teilung, die Mutter über ihr Vermögen. Solange beide leben, bedarf es keiner Teilung.
Stadthäuser und das Vieh erben die Söhne. ... Das restliche Vermögen sollen sie sich gerecht teilen, und die Söhne erhalten zwei Teile, so viele es auch sind, die Töchter ein Teil, so viele es auch sind.
Wenn die Mutter stirbt, sollen sie auch ihr Erbe teilen, wie es vom väterlichen Erbe geschrieben steht.

Erbteilung, 45–55

Wenn die Erben bei der Vermögensteilung uneins sind, so bieten sie das Erbe feil. Dem sollen sie es verkaufen, der das meiste bietet. Von dem Erlös soll jeder seinen Anteil bekommen. Bei der Vermögensteilung sollen mindestens drei Zeugen anwesend sein.

Erbrecht: VI, 1–13

Solange der Vater lebt, darf der Sohn von dem Vermögen des Vaters nichts verkaufen oder verpfänden. Was er aber selbst erwirbt oder erhält, darf er, wenn er will, verkaufen. Der Vater darf nicht das Vermögen der Kinder, das sie selbst erworben oder erhalten haben, der Mann nicht, was der Frau gehört, verkaufen oder verpfänden, auch nicht der Sohn das der Mutter.

Rechtsstellung der Kinder im Erbrecht, Freie und Sklaven: VII, 1–10

Wenn ein Sklave zu einer freien Frau geht und sie heiratet, so sollen die Kinder Freie sein. Wenn aber eine freie Frau zu einem Sklaven geht und ihn heiratet, so sollen die Kinder Sklaven sein. Wenn aber von derselben Mutter freie Kinder und Sklavenkinder geboren werden, so sollen, stirbt die Mutter, die freien Kinder erben, wenn Vermögen vorhanden ist. Wenn die Frau keine freien Kinder hinterlässt, sollen die Angehörigen das Vermögen erben.

Es gab Ehen zwischen Freien und Sklaven. Die Sklaven wurden nicht wie zum Beispiel in Athen als Sachen behandelt, sie hatten einen eigenen Wert, wenn auch einen geringeren als die Freien.

Die Erbtochter: VII, 16–19 und XII, 33

> *Die Erbtochter werde mit dem Bruder des Vaters verheiratet, und zwar mit dem ältesten. ... Wenn es aber keine Brüder des Vaters mehr gibt, aber Söhne von Brüdern, so werde sie mit einem verheiratet, der von dem ältesten Bruder abstammt.*
>
> *Ein Mädchen soll verheiratet werden, wenn es zwölf Jahre alt oder älter ist.*

Für die Heiratsfähigkeit des Mannes wurde kein Alter festgelegt. Aus anderen Quellen geht hervor, dass ein Mann in der Regel im Alter von 30 Jahren heiratete. Dann übergab der Vater dem Sohn den Hof mit allen Rechten und Pflichten, er zog sich auf das Altenteil zurück. Brüder der Erstgeborenen sahen sich oft gezwungen, auszuwandern.

Die Mädchen sollten früh heiraten, damit sie möglichst oft gebären konnten. Die Kindessterblichkeit war sehr hoch.

Eine besondere Rolle im Erbrecht spielten Regelungen für die Adoption und die Erbtochter. Gab es beim Tod des Hausvorstands keine männlichen Erben, so musste dafür Sorge getragen werden, dass das Vermögen innerhalb der Familie blieb und dass die Familie nicht ausstarb. Deshalb musste die Tochter den jeweils nächsten lebenden Verwandten heiraten. War sie verheiratet, musste sie sich von ihrem Mann trennen.

Eine Adoption wurde durch eine feierliche Erklärung vor der Volksversammlung vollzogen.

Der Adoptierte hatte dieselben Rechte wie der eheliche Sohn. Ebenso einfach, wie die Adoption vollzogen wurde, konnte sie aufgekündigt werden.

Literatur

Johannes und Theodor Baunack: Die Inschrift von Gortyn, Leipzig (Hirzel), 1885, Nachdruck: Gerstenberg, Hildesheim, 1972

Erhard Kästner: Kreta. Aufzeichnungen aus dem Jahr 1943, Frankfurt/ Main (Insel), 1975

Heinrich Lewy: Altes Stadtrecht von Gortyn auf Kreta, Berlin, 1885

S.J. Phioraki: Die große auf 12 Tafeln geschriebene Inschrift von Gortyn. Einführung, Übersetzung, Kommentar, Heraklion (Kreta), 1973 (auf Griechisch)

Gerd Sachs: Götter! Wer einen Prozess führen will ..., in: Antike Welt 2/09, S. 48–53, mit weiteren Literaturhinweisen

ders.: Die große Gesetzesinschrift von Gortyn. Ein Spiegel der kretischen Gesellschaft in archaischer und klassischer Zeit, Hamburg (Kovaç), 2017

Adonis Vasilakis: Die große Inschrift des Gesetzeskodex von Gortyn, Heraklion (Kreta) (Mystis), 2005

10. Kapitel

Homer und der Krieger von Eleutherna

Ein Buch, das antike Orte nicht nur beschreiben, das sie auch mit ausgewählten Stellen aus der Literatur verknüpfen und so im Gedächtnis verankern will, darf auf Eleutherna nicht verzichten.

Der griechische Archäologe Nikolaos Chr. Stampolidis hält die Nekropole der Siedlung von Eleutherna unter anderem deshalb für eine der bedeutendsten ihrer Art, weil sie veranschaulicht, was Homer in der Ilias über ein Begräbnis erzählt. Umgekehrt wird, was der Dichter beschreibt, sichtbar und greifbar.

In einem Grab des Friedhofs von Orthi Petra (*Aufrechter Fels*) hatte man um 800 v.Chr. die sterblichen Überreste eines etwa 20 Jahre alten Kriegers begraben, der gemeinsam mit einem Begleiter oder einer Begleiterin verbrannt worden war. Man fand außerdem am Rand des Scheiterhaufens das Skelett eines 30- bis 40-jährigen Mannes ohne Kopf und ohne Beigaben, vermutlich eines Gefangenen, der dem Krieger als Opfer dargebracht worden war. Er war zum großen Teil unverbrannt. Sorgfältig gereinigte Tierknochen waren in Gefäßen gesammelt worden. Sie könnten von Opfertieren stammen oder von Tieren, die beim Totenmahl verzehrt worden waren. Über dem Grab war ein Erdhügel aufgeschüttet.

Was geschehen ist, lernen wir bei Homer. Die *Ilias* dürfte um 700 v.Chr. verfasst worden sein.

Eleutherna liegt ca. 15 km südwestlich von Réthymnon.

Die Stadt ist wie Latóna und Gortyn von Dorern gegründet worden. Spuren einer Besiedlung reichen bis in die minoische Zeit zurück. Vom 9. bis zum 6. Jahrhundert v.Chr. erlebte die Stadt ihre Blütezeit. Als die Römer sie eroberten, gaben sie ihr mit Villen und Bädern ein römisches Gepräge. Im 7. Jahrhundert n.Chr. war sie immerhin noch der Sitz eines Bischofs, im 8. Jahrhundert ist sie nach einem Erdbeben aufgegeben worden.

1929 hat die *British School of Athens* mit systematischen Grabungen begonnen. Seit 1984 widmen sich griechische Archäologen dieser Aufgabe. 2016 ist ein Museum eröffnet worden, das einen Besuch lohnt. Ein besonderes Exponat ist eine Frauenfigur, die so große Ähnlichkeit mit der im Louvre ausgestellten *Dame d'Auxerre* aufweist, das man sie für ihre Schwester halten könnte. Mit ihr dürfte endlich die Herkunft der Pariser Skulptur geklärt sein. Beide Statuen sind um die Mitte des 7. Jahrhunderts v.Chr. geschaffen worden. (Vgl. S. 34).

Eleutherna

Die Entdeckung von Eleutherna liefert einen erneuten Beweis dafür, dass wir in Homers Werken nicht die mykenische Epoche kennenlernen, sondern dass sie die Epoche widerspiegeln, in der der Dichter gelebt hat. In dem folgenden Text erfahren wir nicht nur, wie Tote bestattet wurden, sondern auch, wie die Menschen über den Tod dachten. Darüber hinaus ist es nicht der geringste Gewinn, dass Homer selbst zu Wort kommt. Schließlich ist er der Dichter, mit dem die europäische Literatur beginnt.

Die Ilias handelt von dem trojanischen Krieg. Sie beginnt mit dem Streit zwischen Agamemnon, dem Führer des Heeres der Griechen, das Troja belagert, und dem tapfersten und besten Kämpfer der Griechen, Achilleus, dem Sohn des Peleus und der Göttin Thetis, der im Text als ein Enkel des Zeussohnes Aiakos auch der *Aiakide* heißt. Da er von Agamemnon in seiner Ehre gekränkt wird, zieht er sich grollend aus dem Kampfgeschehen zurück. Als die Griechen von den Trojanern bis zu ihren Schiffen zurückgedrängt werden und Rettung nur noch in der Flucht zu bestehen scheint, greift er zwar nicht selbst zu den Waffen, lässt aber Patroklos, seinen treuesten Gefährten, den Sohn des Menoitios, in seiner Rüstung in die Schlacht ziehen. Patroklos fällt, Hektor, der älteste Sohn des trojanischen Königs Priamos, tötet ihn. Jetzt kehrt Achilleus selbst in den Kampf zurück, er stürzt sich auf die Trojaner und rächt den Freund. Er tötet Hektor.

Nach der Schlacht fordert er seine Gefährten, die Myrmidonen, auf, den toten Patroklos zu ehren und zu beweinen.

Als er gesprochen hatte, wehklagten alle, am meisten
aber Achilleus. Weinend trieben sie dreimal die Pferde
um den toten Helden. Thetis erregte ihre
Lust zu klagen. Der Sand und die Rüstung der Männer wurden
feucht von Tränen. So sehr vermissten sie den, der die
Gegner in die Flucht schlug. Unter ihnen begann der Pelide
laut die Totenklage, indem er seine Hände
auf die Brust des Männer tötenden Freundes legte.
„Patroklos, sei mir gegrüßt, auch in dem Haus des Hades,
alles will ich für dich vollenden, was ich versprochen
habe. Die Hunde sollen Hektor roh verschlingen,
den ich hergeschleift habe. Zwölf treffliche Söhne der Troer
werde ich vor dem Scheiterhaufen opfern. So sehr
zürne ich deinetwegen, weil du erschlagen wurdest.“
Sprach's, und schmähliche Taten ersann er dem göttlichen Hektor.
Neben das Lager des Menoitiossohnes streckte
er den toten Hektor hin in den Staub vornüber.
Jeder der Myrmidonen legte nun den blanken
eisernen Panzer ab, sie lösten die wiehernden Pferde,
setzten sich neben das Schiff des schnellen Aiakiden,

zahllos viele. Er aber gab zu Ehren des toten
Freundes allen ein reichliches Mahl, das ihr Herz erfreute.
(23, VV. 12–29).

Mitten unter den Myrmidonen lag der Pelide,
heftig stöhnend, am Ufer des rauschenden Meeres auf einem
freien Platz, wo die Wogen an das Gestade schlugen.
Als ihn der Schlaf ergriff und ihm von seiner Seele
alle Sorgen löste, ihn sanft umfing – denn er hatte
seine stattlichen Glieder sehr ermüdet, als er
Hektor angriff bei dem windumwehten Troja –,
da erschien des armen Patroklos Seele, diesem
ganz und gar gleichend in der Größe, den schönen Augen
und der Stimme, er trug die gleichen Gewänder, stellte sich
nahe an sein Haupt und sprach ihn an mit den Worten:
„Du liegst da, Achilleus, und schläfst und hast mich vergessen.
Um den Lebenden warst du besorgt, um den Toten
kümmerst du dich nicht. So schnell du kannst, begrabe
mich, damit ich das Tor des Hades durchschreite. Die Seelen
drängen mich ab, die Bilder der Toten, sie lassen es noch nicht
zu, dass ich mich jenseits des Flusses mit ihnen treffe.
Immer noch irre ich umher vor dem breiten Tor des
Hades. Gib mir deine Hand. Ich jammere. Niemals
kehre ich wieder zurück, wenn ihr mich dem Feuer
übergeben habt. Wir werden lebend keine
Pläne mehr schmieden, fern von den Freunden sitzend. Denn das
furchtbare Todesgeschick verschlang mich, das mich erlost hat,
als ich geboren wurde. Aber auch dir, Achilleus,
der du den Göttern gleichst, hat das Schicksal den Tod
bestimmt: Auch
du wirst sterben unter der Mauer der reichen Troer.“ ...
Ihm erwidernd sprach der schnelle Achilleus die Worte:
„Warum bist du, teures Haupt, hierher gekommen,
um mir dieses aufzutragen? Ich werde alles
sorgfältig ausführen, was du mir gebietest. Aber
tritt doch näher. Wir wollen uns umarmen und uns
ein wenig nur erfreuen an der furchtbaren Klage“
Sprach es und streckte beide Hände nach ihm aus. Er
konnte ihn nicht fassen. Schwirrend verschwand die Seele
Rauch gleich in die Erde. Erstaunt sprang Achilleus auf. Er
schlug die Hände aneinander und sagte klagend:
„Ach, es gibt auch im Haus des Hades eine Seele
und ein Schattenbild; das ist jedoch vollkommen kraftlos.
Während der ganzen Nacht hat des Patroklos arme Seele

klagend neben mir gestanden. Sie gab mir den Auftrag, ihn zu begraben. Und sie war ihm erstaunlich ähnlich.“

Sprach es und erregte allen Gefährten die Lust zur Klage. Während sie um den bedauernswerten Toten weinten, erschien die rosenfingrige Eos. Jetzt kam der mächtige Fürst Agamemnon und trieb sowohl die Tiere an als auch die Männer, dass sie aus allen Hütten Holz holen. ... Einer nach dem anderen warfen sie es auf einen Haufen an der Küste, da, wo Achilleus für sich selbst wie auch für Patroklos einen großen Grabhügel plante. Als sie eine gewaltige Menge Holz dort niedergelegt hatten, setzten sie sich und blieben beieinander. Aber Achilleus befahl sogleich den Kriege liebenden Myrmidonen, sich zu rüsten und die Pferde anzuspannen. Die erhoben sich und tauchten in die Rüstung, stiegen auf die Wagen, die Kämpfer und die Lenker. Es fuhren zuerst die Wagen, es folgte eine unendlich große Menge Fußvolks. In der Mitte trugen die Gefährten Patroklos, und sie bedeckten ihn ganz mit ihren Haaren, die sie sich abgeschnitten hatten und auf ihn warfen. Hinter ihnen hielt der edle Achilleus das Haupt des Toten und klagte, den trefflichen Freund in den Hades geleitend.

Als sie zu dem Platz, den Achilleus ihnen bezeichnet hatte, kamen, schichteten sie sogleich viel Holz auf. Plötzlich hatte der edle, schnelle Achilleus einen neuen Gedanken: Abseits schor er sich sein blondes Haupthaar ... und legte es in die Hände seines Freundes. Allen erregte er die Sehnsucht, laut zu klagen. Bis zum Ende des Tages hätten sie weiter getrauert, hätte Achill nicht an Agamemnon die Worte gerichtet: „Dir gehorcht das Volk der Achaier am meisten, Atride. Zeit ist noch genug zu klagen. Fordere alle auf, die Stätte der Verbrennung zu verlassen und das Mahl zu bereiten. Wir, die wir am meisten um den Toten besorgt sind, werden uns hier um alles kümmern. Und bei uns sollen auch die Führer bleiben.“ Als Agamemnon, der Führer der Griechen, die Worte hörte, forderte er sogleich die Männer auf, sich zu den gutgezimmerten Schiffen zu begeben. Die Freunde blieben am Ort zurück. Sie schichteten das Holz auf, bauten einen Scheiterhaufen, breit und lang je

hundert Fuß. Den Toten legten sie oben auf den
Scheiterhaufen, bekümmert und traurig in ihrem Herzen.
Vielen fetten Schafen und Rindern mit schleppendem Gang und
krummen Hörnern zogen sie die Haut ab, und sie begannen
mit der Zubereitung. Von allen Tieren nahm der
großgesinnte Achilleus das Fett heraus, umhüllte
mit dem Fett den Toten vom Kopf bis zu den Füßen.
Ringsum schichtete er die abgezogenen Tiere.
An das Lager stellte er Amphoren mit Öl und
Honig. Ungestüm warf er vier Pferde mit starken Nacken
auf den Scheiterhaufen. Er stöhnte laut. Neun Hunde
hatte Patroklos stets bei Tisch. Nun nahm Achilleus
zwei von ihnen, tötete sie und warf sie auf den
Scheiterhaufen. Dann erschlug er mit dem Erz zwölf
edle Söhne großgesinnter Troer. Schlimme
Taten hatte er ersonnen. Er entfachte
dann ein starkes Feuer, damit es den Toten verzehre.
Klagend rief er den Freund mit seinem Namen:
„Patroklos, sei mir gegrüßt auch in dem Haus des Hades.
Alles will ich vollenden, was ich dir versprochen
habe. Edle Söhne der großgesinnten Troer,
zwölf an der Zahl, verzehrt das Feuer mit dir zusammen.
Hektor aber, den Priamiden, werde ich nicht dem
Feuer übergeben, sondern zum Fraß den Hunden. ...“
(23, VV. 59–183 mit Auslassungen).

Darauf wandte er sich ab von dem Scheiterhaufen.
Müde legte er sich hin. Es überfiel ihn
süßer Schlaf. Nun kamen die Männer des Atreussohnes,
weckten ihn auf mit ihrem lauten Getöse und Lärm. Er
setzte sich aufrecht hin und sprach zu ihnen die Worte:
„Atreussohn und ihr anderen Führer der Achaier,
löscht zuerst mit funkelndem Wein das Feuer, soweit es
sich erstreckt, dann lasst uns die Knochen des Menoitiaden
sammeln, sorgfältig sie unterscheidend von anderen Knochen.
Sie sind leicht zu erkennen. Er lag in der Mitte des Brandes,
während die anderen weiter entfernt verbrannten, vermischt mit
Pferden und Männern. In eine goldene Schale lasst uns
seine Knochen legen in doppelter Fettschicht, bis mich
selbst der Hades birgt. Ich rate, das Grabmal nicht zu
hoch zu errichten, sondern in gebührender Höhe.
Dann könnt ihr Achaier, die ihr länger lebt als
ich und die ihr hier bei unseren Schiffen zurückbleibt,

später dieses Grabmal erhöhen und verbreitern.“
Sie gehorchten ihm, als er so gesprochen hatte.
(23, VV. 231–249).

Der Tod ist etwas Endgültiges. Er trennt Körper und Seele voneinander. Die Seele ist wie ein Schatten, der von dem Lebenden nichts als die Konturen bewahrt. Wenn der Körper bestattet ist, gelangt sie in den Hades und verliert das Bewusstsein.

Das Leben entfaltet sich im Diesseits.

Die Bestattung ist bedeutungsvoll für den Toten, damit die Seele, ihrer Bestimmung entsprechend, die Welt der Lebenden verlassen kann, und für die Hinterbliebenen, damit sie von dem Toten Abschied nehmen können.

Der Ritus beginnt mit der Aufbahrung des Verstorbenen und mit der Totenklage. Die Trauernden geben sich ungehemmt der Klage hin, sie erfreuen sich an ihr, weil es wohltut, wenn sich der aufgestaute Schmerz Bahn bricht. Sie klagen, bis sie sich satt geklagt haben, bis sie ihr seelisches Gleichgewicht wiedererlangt haben.

Das anschließende Totenmahl stärkt sie und führt sie in das Leben zurück.

Es wird ein Scheiterhaufen errichtet, zu dem der Tote geleitet wird. Schafe und Rinder werden geschlachtet, Opfer für den Toten. Öl und Honig werden ihm dargebracht und Haare, die sich die Trauernden scheren, ein Symbol ihrer selbst.

Der Tote wird auf den Scheiterhaufen gelegt und mit ihm das, was ihm im Leben lieb war: Hunde, Pferde, Menschen, die ihm dienten, manchmal auch eine Frau, die ihm nahestand.

Der Brand wird entfacht. Mit Patroklos werden zwölf vornehme Troer verbrannt, Kriegsgefangene, ein Akt, mit dem Achill den Tod des Freundes rächen will. Ausdruck seines maßlosen Zornes ist die Drohung, den toten Hektor den Hunden zum Fraß vorwerfen zu wollen. Er wird diesen Frevel nicht begehen. Am Schluss wird er Hektors Leiche dem Vater Priamos zur Bestattung übergeben. Mit dieser menschlichen Geste endet die Ilias.

Ist der Brand gelöscht, werden die Knochen des Toten sorgfältig eingesammelt, unvermischt mit den Knochen der mitverbrannten Menschen und Tiere. Sie werden in einem wertvollen Gefäß in der Grabkammer beigesetzt, über der das Grabmahl errichtet wird, ein Erdhügel. Achilleus weist die Gefährten an, ihn dereinst in demselben Grab zu bestatten. Er weiß, und Patroklos hat es ihm noch einmal prophezeit, dass auch er vor Troja fallen wird.

Homer schildert das Begräbnis sehr detailliert. Jede Szene erhält ihr eigenes Gewicht: die Trauer an der Bahre, der Traum des Achilleus, die Errichtung des Scheiterhaufens, die Prozession zum Ort der Verbrennung, die Verbrennung und Bestattung.

In den Bericht sind in direkter Rede Worte des Achill, des Patroklos und des Agamemnon eingefügt. Das Epos enthält Elemente des Dramas.

Sog. *schmückende Beiwörter* gehören zum Stil des homerischen Epos: der *göttliche* Hektor, die *wiehernden* Pferde, der *großgesinnte, schnelle* Achilleus, auch die Troer sind *großgesinnt*, die *gutgezimmerten* Schiffe, das *rauschende* Meer, das *windumwehte* Troja, der *schleppende* Gang der Rinder mit den *krummen* Hörnern, die *rosenfingrige* Eos.

Gewiss, manche Attribute sind stereotyp, werden wiederholt, andere legen aber auch Zeugnis von einer sehr guten Beobachtungsgabe ab. Man kommt nicht ohne weiteres darauf, die Morgenröte *rosenfingrig* zu nennen.

Die Überlieferung will wissen, Homer sei blind gewesen. Eine eher unwahrscheinliche Zuschreibung.

Die Spiele, die zu Ehren der Toten veranstaltet werden und von denen der Dichter berichtet, haben freilich kein archäologisches Äquivalent.

Literatur

Nikolaos Chr. Stampolidis: Eleutherna: Polis – Akropolis – Nekropolis, Athen, 2004, S. 126–129

Kurt Roeske: Zypern im Spiegel antiker Zeugnisse, Ruhpolding/Mainz (Franz Ph. Rutzen), 2013, S. 171–177

Literatur zu Kreta

John Chadwick: Linar B. Die Entzifferung der mykenischen Schrift, Göttingen, (Vandenhoeck & Ruprecht), 1958

Angelos Chaniotis: Das antike Kreta, München (Beck), 2014, 2. Auflage

Josef Fischer: Griechische Frühgeschichte bis 500 v.Chr., Darmstadt (WBG), 2010

Hanni Guanella: Kreta. Reise- und Kunstführer, Zürich (Flamberg), 1965

Nikos Kazantzakis: Rechenschaft vor El Greco, Berlin/München/Wien (Herbig), 1976

Reinhard Lullies/Max Hirmer: Griechische Plastik. Von den Anfängen bis zum Ausgang des Hellenismus, München (Hirmer), 1956

Josef Maran: Transformation am Beginn der mykenischen Epoche. Hintergründe des Aufstiegs von Mykene, in: Antike Welt 6/18, S. 16–21

Spyridon Marinatos/Max Hirmer: Kreta, Thera und das mykenische Hellas, München (Hirmer), 1976[3]

Michaelis Pantelouris: Die unsichtbare Sensation, in: Merian Kreta, Heft 17, 2010, S. 70/71

Nikolaos Platon: Kreta, Genf (Nagel), 1968

Michaela Prinzinger: Kreta. Ein Reisebegleiter, Frankfurt/Main/Leipzig (Insel Taschenbuch), 2006

Fritz Schachermeyr: Die minoische Kultur des alten Kreta, Stuttgart (Kohlhammer), 1964

Marie-Luise Schmidt di Simoni: Kreta, Leichlingen (Kurt Schröder), 1977/78

Beat Schneider: Geheimnisvolles Kreta. Erste Hochkultur Europas, Bern (edition amalia), 2013

Christoph Ulf: Von Knossós nach Mykene – die memoria der Mauern, in: H.J. Hölkeskamp/E. Stein-Hölkeskamp (Hrsgg.): Die griechische Welt. Erinnerungsorte der Antike, München (Beck), 2010, S. 18–38

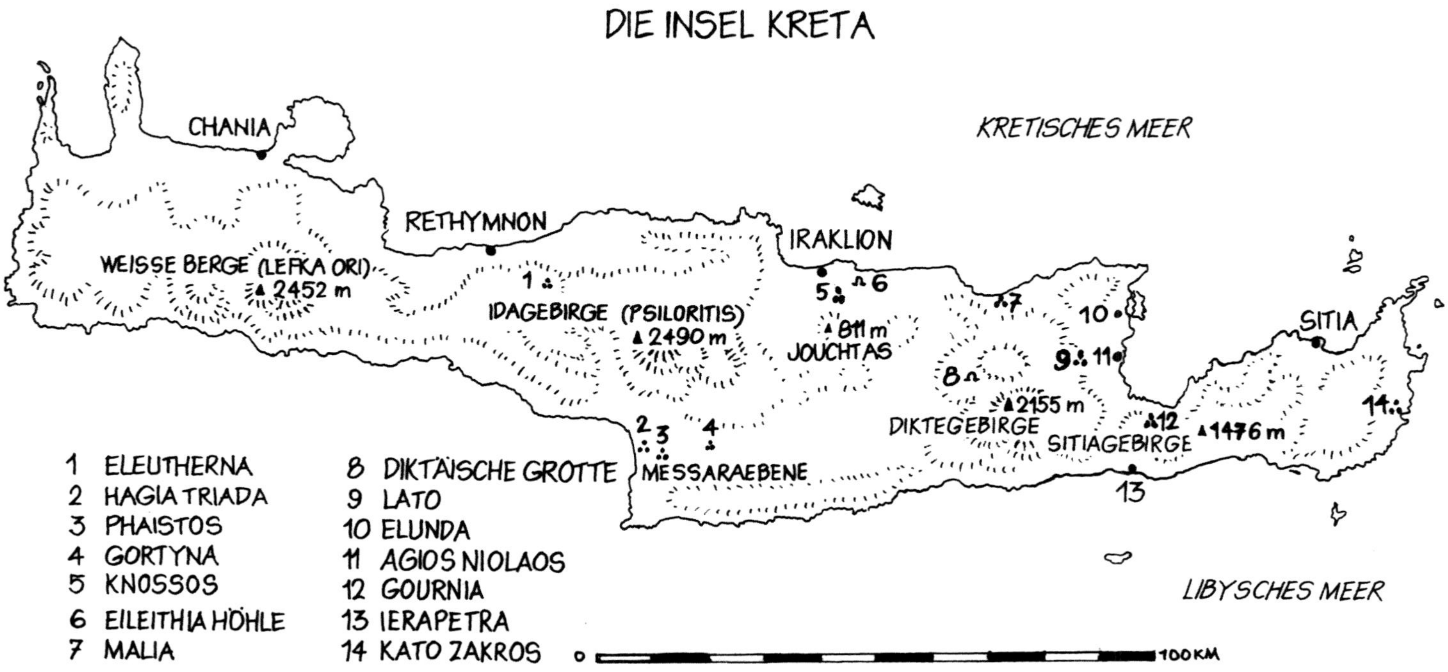
DIE INSEL KRETA
KRETISCHES MEER
LIBYSCHES MEER
CHANIA
RETHYMNON
IRAKLION
SITIA
WEISSE BERGE (LEFKA ORI)
2452 m
IDAGEBIRGE (PSILORITIS)
2490 m
811 m
JOUCHTAS
MESSARAEBENE
2155 m
DIKTEGEBIRGE
SITIAGEBIRGE
1476 m
1 ELEUTHERNA
2 HAGIA TRIADA
3 PHAISTOS
4 GORTYNA
5 KNOSSOS
6 EILEITHIA HÖHLE
7 MALIA
8 DIKTÄISCHE GROTTE
9 LATO
10 ELUNDA
11 AGIOS NIOLAOS
12 GOURNIA
13 IERAPETRA
14 KATO ZAKROS
0
100 KM

Register der antiken Orts- und Personennamen

Bildnachweis

S. 23 (oben) © Wikipedia.nl (Foto: Martin D)
S. 23 (unten) © Wikipedia (Foto: O. Mustafin)
S. 24 © Wikipedia (Foto: Olaf Tausch)
S. 25 © Wikipedia (Foto: O. Mustafin)
S. 31 (oben) © Wikipedia (Foto: Olaf Tausch)
S. 31 (unten) © www.myheimat.de
S. 35 © bpk | RMN - Grand Palais | Hervé Lewandowski
S. 52 (oben) © iStock (Foto: Daniel Tomlinson)
S. 52 (unten) © Wikipedia (Foto: Olaf Tausch)
S. 56 © greece.com
S. 60 © Wikipedia
S. 70 © www.kenney-mencher.com
S. 75 © akg-images / Rainer Hackenberg
S. 76 (oben) © Wikipedia (Foto: Apeto)
S. 76 (unten) © akg-images / Erich Lessing
S. 78 © www.knossosestate.com
S. 79 (oben) © iStock (Foto: I. R. Stone)
S. 79 (unten) © wohnbautuwien.ac.at
S. 81 akg-images / jh-Lightbox_Ltd. / John Hios
S. 82 (oben) © akg-images / Rainer Hackenberg
S. 82 (unten) © akg-images / Erich Lessing
S. 90 © theperpetualpilgrim.files.wordpress.com
S. 94 © akg-images / Science Source
S. 99 © Wikipedia / The Bridgeman Art Library
S. 100 © Wikipedia (Foto: Eugène Druet)
S. 107 © www.kreta.com
S. 121 (oben) © Wikipedia (Foto: Olaf Tausch)
S. 121 (unten) © Wikipedia (Foto: Olaf Tausch)
S. 126 © Wikipedia (Foto: Alexander Baranov)
S. 129 (oben) © www.minoer.net
S. 129 (unten) © Wikipedia (Foto: Nikater)
S. 131 (oben) © Wikipedia (Foto: Olaf Tausch)
S. 131 (unten) © Wikipedia (Foto: Olaf Tausch)
S. 133 © Wikimedia Commons (Foto: Wolfgang Sauber)
S. 135 (oben) © Wikipedia (Foto: Olaf Tausch)
S. 135 (unten) © Wikipedia (Foto: Olaf Tausch)
S. 140 © Wikipedia (Foto: Olaf Tausch)
S. 144 © Wikipedia (Foto: Olaf Tausch)
S. 152 © Alamy Stock Foto / Georgios Tsichlis

S. 154 © Wikipedia (Foto: Olaf Tausch)
S. 155 (oben) © Wikipedia (Foto: Afrank99)
S. 155 (unten) © Wikipedia (Foto: Nikater)
S. 164 © www.greece-is.com